MISIÓN EXPLORACIÓN

35 aventuras alrededor del mundo

© Ilustración páginas 4-5: Adaptación de una fotografía de la colección Ariane Audouin Dubreuil

Título original: *Missions Exploration. 35 voyages-découvertes au bout du monde*
Creación gráfica: Daphné Belt
Grafismo: Didier Gatepaille
© 2016, Glénat
Couvent Sainte Cécile
37 rue Servan - 38000 Grenoble

© 2017 Ediciones del Laberinto, S. L. para la edición mundial en castellano
Dirección editorial: Juan José Ortega del Blanco
Traducción: Cristina Bracho Carrillo

EDICIONES DEL LABERINTO, S.L.
ISBN: 978-84-8483-924-8
Depósito legal: M-24788-2017

www.edicioneslaberinto.es
Impreso en España / Printed in Spain

Cualquier forma de reproducción, distribución, comunicación pública o transformación de esta obra solo puede ser realizada con la autorización de sus titulares, salvo excepción prevista por la ley. Diríjase a CEDRO (Centro Español de Derechos Reprográficos) si necesita fotocopiar o escanear algún fragmento de esta obra (www.conlicencia.com <http://www.conlicencia.com/> ; 91 702 19 70 / 93 272 04 47).

STÉPHANE FRATTINI - YANNICK ROBERT
Bajo la dirección de CHRISTIAN CLOT

MISIÓN EXPLORACIÓN

35 aventuras alrededor del mundo

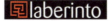

La Sociedad de Ex

Un grupo de exploradores fundaron la Sociedad de Exploradores Franceses (SEF) en 1937 unidos por un mismo objetivo: reafirmar los valores del espíritu aventurero, avivar la curiosidad y crear un ambiente de amistad en el que compartir el entusiasmo y los descubrimientos entre expediciones.

Este «club de exploradores», como se denomina popularmente, tiene su sede en las instalaciones de la prestigiosa Sociedad de Geografía, que, tras su creación en 1821, ha patrocinado algunas de las mayores expediciones francesas. Ambos organismos se terminaron complementando y la SEF incrementó el número de sus actividades: se organizaban conferencias, publicaban revistas, concedían premios o proporcionaban ayudas económicas para las misiones de exploración.

Hoy en día, la SEF cuenta con unos 275 miembros entre los que se encuentran científicos, exploradores, navegantes, escritores de viaje, cineastas, diplomáticos... Hombres y mujeres de gran entereza que, independientemente de su edad y cada uno a su manera, dan rienda suelta a su imaginación y están dispuestos a darlo todo sin dudar ni un solo segundo en asumir los riesgos.

...oradores Franceses

La SEF contribuye al estudio de las regiones más remotas de la Tierra, aconseja y presta su apoyo a los que emprenden una investigación original en zonas de difícil acceso y fomenta la contribución entre los exploradores y la investigación científica, ya que la mayor parte de los exploradores mantienen estrechas relaciones con instituciones como el Museo Nacional de Historia Natural, el Centro Nacional de Investigaciones Científicas, el Instituto de Investigación y Desarrollo o diversos laboratorios universitarios de investigación.

Hay quien cree todavía que no queda nada por explorar en nuestro planeta. ¡Craso error! De hecho, nos falta... casi todo. El fondo de los océanos, el espacio, el mundo microscópico, la resistencia del cuerpo humano, etc. ¡Sin olvidar los millones de especies vivas que quedan por descubrir, estudiar y proteger cuanto antes!

El papel de la Sociedad de Exploradores Franceses, al igual que el de sus homólogos de otros países, no ha hecho más que comenzar a casi cien años ya de su creación. ¿Y tú, en qué misión crees que te aceptarán algún día?

Christian Clot,
Vicepresidente de la Sociedad de Exploradores Franceses.

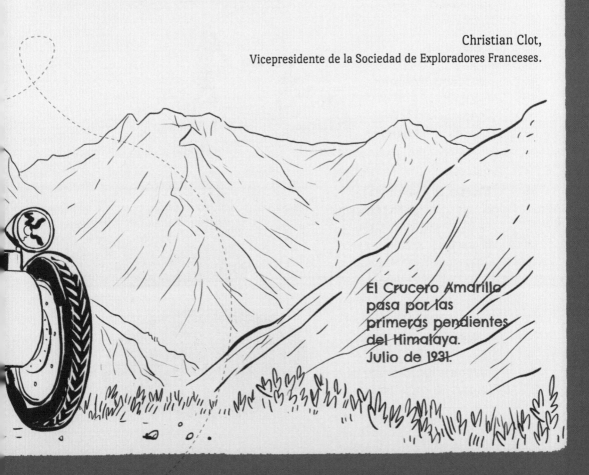

El Crucero Amarillo pasa por las primeras pendientes del Himalaya. Julio de 1931.

Índice

8	**Las regiones polares**	
10	El *Pourquoi-Pas?* en la Antártida	
14	La civilización de las focas	
18	La expedición Transantártica	
21	La noche polar en solitario	
24	El navío encallado en el hielo	

26	**Los desiertos**	
28	El navegante del Sáhara	
32	La misión Dakar-Yibuti	
35	El bestiario fantástico de Tassili	
39	Lucy y Toumaï: los albores de la humanidad	
43	*Terra deserta*	

46	**Las selvas tropicales**	
48	Alerta en el Amazonas	
51	Con los asháninkas	
53	La balsa de las cumbres	

56	**Montañas y volcanes**	
58	El lago de fuego de Nyiragongo	
62	En la cima del Annapurna	
66	El hijo del Krakatoa	
69	Última cordillera	

72	**Cuevas subterráneas**	
74	Aislado del tiempo	
77	La sala Sarawak	
80	Las grutas decoradas de Borneo	
83	Las islas de los glaciares de mármol	

86   Los ríos
88   El maestro del río Níger
91   En los nacimientos del Orinoco
94   El descenso del Nilo

96   Los océanos
98   La escafandra autónoma
102   Naufragio voluntario
106   Sumergido en el abismo
108   El mundo bajo el hielo

110   Incursiones y periplos
112   En la ciudad prohibida
116   El Crucero Amarillo
120   600 días alrededor del mundo

124   El aire y el espacio
126   De París a Nueva York en 37 horas
129   El globo hacia la estratosfera
132   Franceses en el espacio
136   Volar bajo el sol

139   Y continúa…
140   *Tara Pacific* • Adaptación 4 x 30 días • El Ártico solar • Mundos perdidos
142   *Solar Stratos* • *Under the Pole 3* • Las alas de la aventura • *Ocean One*

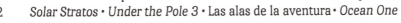

LAS REGION[ES]

El Ártico es un océano cubierto por una fina banquisa o capa de hielo. La Antártida es un continente rocoso cubierto por una enorme capa de hielo, pero sus regiones desérticas heladas resultan igual de complicadas de explorar...

ALASKA
CÍRCULO POLAR ÁRTICO
CANADÁ
OCÉANO ÁRTICO
SIBERIA
POLO NORTE
GROENLANDIA

−89,2 °C

Es la temperatura mínima registrada por la estación de Vostok, en la Antártida. En el Ártico alcanzó los -67,8 °C en Oimiakón, un pueblo de Siberia de 800 habitantes.

EL POLO NORTE

Dos americanos afirmaron haber llegado al polo norte geográfico, Cook en 1908 y Peary en 1909, pero ninguno aportó pruebas convincentes. La primera expedición confirmada fue la del noruego Amundsen y la del italiano Nobile, en 1926, que lo sobrevolaron en un dirigible. El Polo Norte se sitúa en mitad del océano Ártico, sobre una banquisa plana. ¡En este lugar el hielo tiene un grosor de entre 2 y 4 m, y flota sobre un mar de 4261 m de profundidad!

ES POLARES

1500 HABITANTES

Esa es la «población» media de la Antártida, compuesta por científicos instalados en las 70 bases polares (37 de ellas fijas) que pertenecen a 28 países. ¡Y todos repartidos por un territorio un 40 % más grande que Europa!

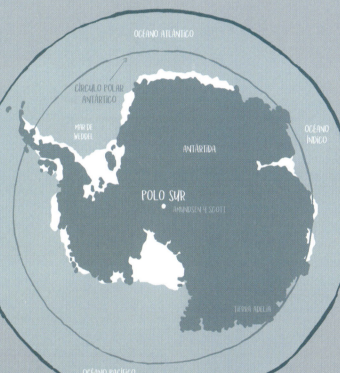

EL POLO SUR

El polo sur geográfico se sitúa sobre una meseta en el centro del continente, a 2835 m de altura, de los cuales 2700 conforman el espesor del hielo. Los primeros en llegar allí fueron los miembros de la expedición noruega dirigida por Roald Amundsen en 1911. Un mes más tarde, otra expedición dirigida por el inglés Robert Scott llegó también al Polo Sur, pero fallecieron por el hambre y el frío antes de poder regresar a la costa. •

TRUCOS PARA EXPLORADORES

- En un entorno polar, conserva bien el calor en las extremidades.

- Para construir un iglú, escoge nieve bien fría y compacta.

- Para trayectos largos, desplázate en esquí, en pulka, o en un trineo tirado por perros.

El *Pourquoi-Pas?* en la Antártida

A principios del siglo xx apenas se conocía nada sobre el extremo sur del planeta. Gracias a Jean-Baptiste Charcot, un hombre fascinado por los inmensos glaciares, Francia se abrió paso en la exploración del continente antártico.

COORDENADAS

¿Quién? Jean-Baptiste Charcot (1867-1936) con un equipo de 7 científicos y 22 marinos.
¿Cuándo? Del 15 de agosto de 1908 al 5 de junio de 1910.
¿Dónde? En la costa occidental de la península antártica.
¿Por qué? Para explorar y cartografiar los nuevos territorios y llevar a cabo investigaciones científicas.

El *Pourquoi-Pas?* medía 40 m de largo y su tripulación se componía de 34 hombres y 4 o 5 científicos que trabajaban en los laboratorios.

La pasión de un hombre

El 15 de agosto de 1908, un imponente y majestuoso navío de tres mástiles partió del puerto de Le Havre, en Francia. Provisto de un casco de acero reforzado y de un motor auxiliar, también contenía tres laboratorios y una biblioteca. El comandante, médico y explorador Jean-Baptiste Charcot, lo bautizó como *Pourquoi-Pas?* (en español, «¿Por qué no?»), al igual que sus anteriores navíos, a excepción del anterior, bastante más modesto que este, al que llamó *El francés*. Charcot agradecía así la generosidad de las personas que le habían ayudado a financiar su primera expedición polar entre 1903 y 1905. En aquella época, ni los eruditos ni los políticos se interesaban mucho por la Antártida.

TRINEO CON MOTOR FABRICADO PARA LA OCASIÓN POR LA EMPRESA DION-BOUTON.

Una misión moderna

Esta vez fue distinta, ¡la primera expedición de Charcot fue un éxito! Exploró 1000 km de costas nuevas, trazó 3 mapas marinos y regresó con 75 cajas atestadas de notas y de objetos recolectados en tierra o mar... Pero sobre todo demostró con creces que Francia estaba perfectamente capacitada para lanzarse a la conquista del Polo Sur, a la altura de países como Inglaterra o Alemania. Así pues, obtuvo el apoyo del gobierno para su segunda expedición, así como de la Academia de las Ciencias, el Museo Nacional de Historia Natural o el Instituto Oceanográfico. Los objetivos de la investigación eran muy ambiciosos y gracias a la inversión financiera los medios se perfeccionaban: ¡el *Porquoi-Pas?* llevaba a bordo tres trineos a motor fabricados exclusivamente para explorar sobre la capa de hielo!

LA RUEDA ESTÁ REPLETA DE GANCHOS PARA AGARRARSE BIEN A LA NIEVE Y AL HIELO.

Un largo invierno

Tras una última etapa en Chile, el navío se adentró en el círculo polar. Charcot se dirigía hacia el sur, hacia una zona aún desconocida. Se solía subir a la cofa, al puesto de observación, para guiar el navío entre los icebergs, pero pese a sus precauciones uno de los impactos causó estragos en el barco, por lo que se vio obligado a regresar al norte antes de la llegada del invierno. A finales de enero de 1909, el *Pourquoi-Pas?* arribó a la minúscula isla Petermann, cerca de la costa antártica. Allí edificaron unas cabañas y comenzaron las investigaciones en tierra firme: observaciones magnéticas, meteorológicas, naturalistas, etc. La estancia duró 9 meses, la mayor parte de ellos sumidos en la noche permanente. Para evitar la depresión, Charcot se ocupaba personalmente de que todos tuvieran tareas asignadas: ¡trabajo científico, operaciones de seguridad y también diversión!

«¿De dónde saldrá la extraña atracción que ejercen estas regiones polares, tan intensa y tan tenaz que incluso después de regresar a casa olvidamos el cansancio físico y moral y soñamos con volver a ellas? ¿De dónde provendrá el misterioso encanto de estas tierras tan desoladas y aterradoras?».

Jean-Baptiste Charcot

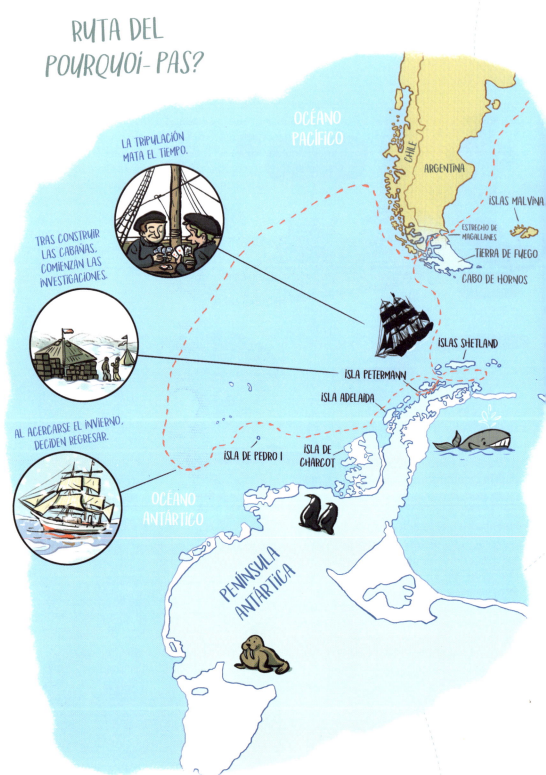

Hacia lo desconocido

En noviembre de 1909, una inmersión bajo la quilla revela que el timón está dañado. ¡Qué se le va a hacer! Charcot decide dirigirse hacia el cabo del sur para una campaña de verano. La expedición es un éxito: sobrepasan la isla Adelaida, límite de los territorios conocidos hasta entonces, y surcan cientos de kilómetros de costas nuevas, a las que nombran como costa Fallières (en honor al presidente de la República Francesa en ese momento), isla Charcot (en homenaje a su padre, un conocido médico), isla Renaud, isla Millerand, cabo Pavie, etc. Charcot quería seguir explorando, pero se acercaba el invierno y los víveres escaseaban. Para colmo, Charcot había contraído el escorbuto, una enfermedad causada por la falta de alimentos frescos (y, por lo tanto, de vitamina C). ¡Esta vez sí que había que volver!

¿LA BANDERA DEL POURQUOI-PAS?

EL NAUFRAGIO

Al terminar la Primera Guerra Mundial, Charcot retomó sus navegaciones con el *Pourquoi-Pas?* por el Atlántico norte. En 1936 dejó al joven explorador Paul-Émile Victor en Groenlandia para que pasara el invierno con los inuit. Unos días después, y debido a una fuerte tempestad, el barco chocó contra un arrecife. El único superviviente del naufragio contó que Charcot liberó a Rita, su gaviota domesticada, justo antes de hundirse...

Regreso triunfal

«Nos habíamos hecho ilusiones. Hemos hecho lo que hemos podido», telegrafió Charcot desde América del Sur, con su modestia habitual. Se sentía decepcionado porque consideraba que no habían llevado a cabo suficientes investigaciones, pero en realidad los resultados fueron muy buenos: ¡cartografiaron 3000 km de costas y la expedición dio pie a más de 28 volúmenes de trabajos científicos durante los años venideros! Los periódicos se hicieron eco de la hazaña y el público se volcó con ellos: cuando el *Pourquoi-pas?* llegó a Ruan el 5 de junio de 1910, flanqueado por dos torpederos, lo recibió una multitud inmensa. Con esta primera misión polar moderna, Charcot sentó las bases de la presencia francesa en la Antártida y hoy en día, cien años más tarde, todavía persiste. •

La civilización de las focas

Durante los años 30, el joven Paul-Émile Victor pasó largas temporadas con el pueblo inuit, a los que aún llamamos «esquimales». Pero no se contentó con observarlos: ¡consiguió que lo adoptaran como a un miembro de su familia!

COORDENADAS

¿Quién? Paul-Émile Victor (1907-1995) con Robert Gessain, Michel Perez, Fred Matter y Eigil Knuth.
¿Cuándo? 1936-1937.
¿Dónde? Groenlandia.
¿Por qué? Para atravesar el casquete polar y estudiar las costumbres de los inuit.

A lo largo de esta travesía, Paul-Émile Victor aprendió a enganchar perros a los trineos. Más tarde vivirá numerosas aventuras con ellos...

Primer viaje

En 1934, Paul-Émile Victor es un explorador y marino de 27 años que ha estudiado Letras, Ciencias y Etnografía, además de saber dibujar y pilotar aviones. Sueña con explorar los polos, y gracias a su entusiasmo logró convencer al Museo Etnográfico de París para montar una expedición junto a otros tres investigadores y pasar un año con los inuit. Pero ¿cómo llegarían a Groenlandia? ¿Y si le pedía al célebre Jean-Baptiste Charcot, ya un hombre de 67 años, que les llevara a bordo de la próxima expedición polar del *Pourquoi-Pas?* y los dejaran en la costa? La respuesta fue afirmativa: el anciano explorador y los «jóvenes eruditos», como los llamaba, hicieron buenas migas al momento.

TIENDA ESTIVAL FABRICADA CON PIEL DE FOCA.

EL AMAUT, UN ANORAK CON CAPUCHA PARA TRANSPORTAR A LOS BEBÉS.

La gran travesía

Un año después, en septiembre de 1935, Paul-Émile Victor abandona a los inuit con gran pesar, pues se ha enamorado de una de las mujeres, la bella Doumidia. Promete volver y organiza para ello una nueva expedición: la primera travesía francesa a Groenlandia. El 17 de mayo de 1936, los cuatro aventureros se hacen a la mar con 1400 kg de material y tres trineos tirados por 33 perros. Soportaron un frío intenso, nieve y fuertes tempestades hasta que, tras 820 km recorridos y toda clase de dificultades, atracaron con éxito en la costa este el 10 de julio. Si bien la toma de muestras científicas fue exigua, pusieron en práctica una nueva forma de enfocar las expediciones polares que inspirará a generaciones enteras de exploradores.

«Soy un adicto. Fumo poco o nada, no bebo nunca y no sé jugar a las cartas. Pero, pese a todo, me considero un adicto, sí: un adicto al norte».

Paul-Émile Victor

Familias de corazón

Aunque sus compañeros regresaron, Paul-Émile Victor se quedó en Groenlandia y aprovechó un viaje de Charcot para que lo llevaran junto a su «familia» inuit, compuesta por 26 personas entre hombres, mujeres y niños. Juntos construyeron una gran cabaña para pasar los 9 meses del invierno. Victor añadió una pequeña habitación para aislarse y trabajar o para estar a solas con Doumidia. Durante estos meses, mucho después de que tuviera lugar el dramático suceso, recibió la triste noticia del naufragio del *Pourquoi-Pas?* y la desaparición de Charcot, su «padre espiritual».

PAUL-ÉMILE VICTOR DIBUJA ESCENAS COTIDIANAS EN SUS CUADERNOS.

TAMBIÉN ESCRIBIÓ UN CUENTO INFANTIL: LA HISTORIA DE APOUTSIAK, UN PEQUEÑO INUIT.

Un testimonio único

¿A qué se dedicó aquel *kratouna*, el hombre blanco, durante los meses de invierno? Compartía por completo la vida de los inuit. Participaba en las tareas cotidianas con Kara, su madre adoptiva, el cazador Kristian y los demás; pescaba focas; navegaba en kayak; hablaba en el dialecto que dominaba a la perfección o escuchaba las historias al son del *quida*, el tambor tradicional. Para dejar constancia de todo, grababa vídeos o registros de voz, dibujaba y tomaba notas. Su trabajo constituye un testimonio muy valioso para comprender la vida —prácticamente inalterada con el paso del tiempo— del pueblo inuit, condenada a transformarse para siempre con el contacto del progreso.

LA CABAÑA COLECTIVA DE LA FAMILIA, DE TECHO BAJO Y CONSTRUIDA CON TIERRA, PIEDRAS Y BRIZNAS DE HIERBA. ¡AQUÍ PASARÁN EL INVIERNO!

↑ DOUMIDIA

EL PUEBLO DEL GRAN NORTE

El término «eskimo» o «esquimal» se utiliza desde el siglo XIX para denominar a las poblaciones de cazadores nómadas de Siberia que se asentaron en Alaska, Canadá y Groenlandia. Pero, desde 1970, se considera peyorativo. Ellos prefieren denominarse inuits, que significa, en su lengua, «los seres humanos».

Las misiones polares

Durante la Segunda Guerra Mundial, Paul-Émile Victor se alistó en el ejército estadounidense con la misión de investigar y salvar a los pilotos perdidos en territorio polar. Al regresar a Francia, el gobierno le encargó que organizara las «misiones polares francesas» que dirigirá durante 29 años. Gracias a ellas se llevaron a cabo numerosas expediciones científicas y se instalaron dos bases permanentes en la Antártida. Todavía hoy, el Instituto Polar Francés lleva el nombre de Paul-Émile Victor y decenas de personas viajan cada año a estudiar esos territorios. •

La expedición Transantártica

En 1989, para recordar al mundo que la Antártida era una tierra de paz, un explorador francés y otro americano idearon una expedición muy temeraria: atravesar el continente sin utilizar ningún medio de transporte motorizado.

Para que la expedición fuera posible, tuvieron que transportar víveres y material en avión y depositarlos en varios puntos de avituallamiento.

COORDENADAS

¿Quién? Jean-Louis Étienne (Francia), Will Steger (EE. UU.), Victor Boyarsky (Rusia), Tchin Daho (China), Keizu Funatsu (Japón), Geoff Sumer (Inglaterra).
¿Cuándo? Del 25 de julio de 1989 al 3 de marzo de 1990.
¿Dónde? De la costa oeste a la costa este de la Antártida, pasando por el Polo Sur.
¿Por qué? Para cumplir un sueño y dirigir la atención del mundo hacia la Antártida.

Encuentro en el Polo Norte

El 14 de mayo de 1986, Jean-Louis Étienne se convirtió en el primer hombre en llegar al Polo Norte en solitario. La hazaña fue increíble: durante 2 meses esquiaba 8 horas al día, tirando de un trineo durante más de 1000 km. Por pura casualidad, en mitad de aquel bello universo blanco, su ruta se cruzó con la del estadounidense Will Steger, que se dirigía también hacia el polo con un equipo y varios perros para tirar de los trineos. Trabaron amistad y se encaminaron juntos hacia el Polo Sur. Más adelante pensaron en organizar una misión tan valiente como simbólica, y 30 años después de la firma del tratado de la Antártida, la Transantártica sería la primera expedición integral del continente, con 6 equipos que representaban a 6 países diferentes.

Una hazaña compartida

La gran salida se fijó para el 25 de julio de 1989. Los seis hombres, con tres trineos cargados de víveres y de material y tirados cada uno por 12 perros, salieron del extremo oeste de la Antártida. El avance no resultó nada fácil, ¡se llegaron a encontrar unas cascadas de hielo que separaban la costa de la meseta superior y que se elevaban a 3000 m de altura! Con el paso del tiempo, cuando se les acumulaba el cansancio, las relaciones entre los propios miembros del equipo y los animales adquirieron una importancia vital: «Para pasar tantos meses juntos en el corazón de una tierra tan inmensa hay que sentir [...] gran complicidad y un afecto recíproco», explicó Jean-Louis Étienne.

Los vientos catabáticos

El 11 de diciembre la expedición llegó al Polo Sur, a la base estadounidense Amundsen-Scott. Y en menos de dos meses a la rusa de Vostok, donde los recibieron con gran alegría. Después, tuvieron que descender de la meseta y enfrentarse a los vientos catabáticos, unas masas de aire frío procedentes de las alturas que pueden llegar a alcanzar los 200 km/h. Los hombres estaban al límite de sus fuerzas cuando, el 26 de febrero de 1990, ocurrió: «De repente, al fondo de un pequeño valle blanco, se dibujó una línea horizontal de color azul oscuro... Se nos hizo un nudo en la garganta... ¡Los ojos no nos engañaban! ¡Se trataba del océano Índico!». Cinco días más tarde, decenas de periodistas recibían a los héroes en la estación rusa de Mirny, en la costa este. ¡Tras 6300 km de travesía, por fin lo habían conseguido!

EL EQUIPO RECORRIÓ UNA MEDIA DE 33 KM AL DÍA DURANTE 7 MESES.

SITUADA A 250 M DEL POLO SUR GEOGRÁFICO, LA BASE ESTADOUNIDENSE AMUNDSEN-SCOTT ES UNA PARADA MUY APROPIADA.

EL TRATADO DE LA ANTÁRTIDA

En 1959, 12 países firmaron un texto en el que se estipulaba que el continente no pertenecía a nadie y que solo se podría utilizar para investigaciones científicas, nunca con objetivos militares. Más tarde, otros 40 países (entre ellos España) se acogieron a él, aunque algunos intentaron renegociar el acuerdo para explotar las riquezas del subsuelo o pescar más cerca de las costas...

Nuevos horizontes

La hazaña de la expedición Transantártica, alabada en el mundo entero, contribuyó a consolidar el tratado de la Antártida. También permitió a Jean-Louis Étienne llevar a cabo nuevas expediciones asociadas al medio ambiente. En 2002 dirigió la misión Banquisa, una deriva sobre los glaciares del Polo Norte. En 2010 completó con éxito la primera travesía sobre el océano Ártico en globo. En 2014 mandó construir *Polar Pod*, una plataforma habitada de 720 toneladas, destinada a derivar sobre la Antártida para comprender mejor las corrientes marinas. La aventura continúa... •

La noche polar en solitario

¿Cómo puede un hombre sobrevivir solo durante todo un invierno sumido en la oscuridad permanente a una temperatura de –40 °C? Para saberlo, Stéphane Lévin decidió comprobarlo por sí mismo.

Una cabaña en la inmensidad

En verano de 2001, Stéphane Lévin llevó a cabo una expedición solo, en esquí y tirando de un trineo hacia el Polo Norte magnético. Fascinado por el Ártico, decidió regresar al año siguiente para pasar allí un invierno a solas. Tras 18 meses de preparación física y mental, el explorador estableció su campamento base en una minúscula cabaña fabricada con tablas de madera que utilizaban los pescadores inuit durante el verano y que se hallaba a 100 km del pueblo más cercano. Contaba con un aerogenerador que le suministrara un poco de electricidad y un par de perros de raza malamute que le avisaran si se acercaba un oso polar...

El explorador sobrevivió a 121 días de aislamiento en su «nave glacial»: 106 de ellos sin sol, y 60 sumido en la oscuridad total.

COORDENADAS

¿Quién? Stéphane Lévin (nacido en 1963).
¿Cuándo? Del 5 de octubre de 2002 al 28 de febrero de 2003.
¿Dónde? Isla Corwallis, territorio de los Nunavut (Ártico canadiense).
¿Por qué? Para investigar las reacciones físicas y psicológicas del cuerpo humano en medios extremos.

Escuchando su propio cuerpo

Un día, tras varias semanas allí, el sol dejó de elevarse sobre el horizonte. La luz solar disminuía cada día y la temperatura caía en picado. Stéphane construyó un iglú alrededor de la cabaña, un casco de nieve comprimida que aislaba un poco del frío, pero aún así la temperatura en el interior de la cabaña alcanzaba los -30 °C, y los -40 °C en el exterior. Eso sí, ¡nada de atontarse! Durante el día experimentaba con una cobaya: él mismo. ¿Cuántas calorías necesitaba? ¿Cómo evolucionaba su ciclo de sueño? ¿Cómo se adaptaba la vista a las penumbras? ¿Se sentía estresado o deprimido? ¿Había tomado las decisiones correctas? Los resultados de todas estas pruebas ayudaron, entre otros, a la Agencia Espacial Europea para preparar futuras misiones con seres humanos hacia el planeta Marte.

INTERIOR DE LA CABAÑA.

PRUEBA DE VISIÓN

¿EL HECHO DE ESTAR INMERSO EN LA NOCHE POLAR ALTERABA LA VISIÓN DE ALGUNA MANERA?

PARA CONTESTAR TODAS ESTAS PREGUNTAS, STÉPHANE REALIZÓ VARIOS EXPERIMENTOS A INTERVALOS REGULARES.

En la noche sin fin

Justo antes de Navidad llegó la oscuridad total, que duraría 60 días. Stéphane pasó momentos muy difíciles. El 6 de enero una tempestad arrancó el iglú y sacudió la cabaña. En otra ocasión, se tuvo que quitar un guante para reparar el aerogenerador y… ¡se le congeló un dedo de la mano derecha! Para salvarlo, se operó a sí mismo con la mano izquierda, a la luz de un frontal. «No me cabe en la cabeza —escribió en su diario— cómo el aire puede hacer tanto daño, cómo puede rasgar la carne, hacer que se peguen las piedras, reventar las rocas, quemar los pulmones o impedirte respirar». Su único consuelo fueron los perros, cuya compañía resultó inestimable. La hembra, Mitshima, tuvo cachorritos, y él mismo los alimentó con un biberón.

DÍAS Y NOCHES POLARES

Debido a la inclinación de la Tierra, no a todas las regiones les llegan los rayos del sol de la misma forma. Cuanto más nos aproximamos a los polos, más aumenta la duración del día en verano: ¡durante un tiempo, ni siquiera se hace de noche! Y en invierno sucede todo lo contrario: la noche cerrada dura meses y se alcanzan temperaturas mínimas.

-39°C

TODO PREVISTO

En condiciones extremas, cuando la vida está en juego, no hay lugar para la improvisación. Stéphane Lévin utilizó una técnica de visualización mental para prepararse para la misión. La idea consiste en ponerse en las peores situaciones posibles y llevarlas al extremo. ¿Qué puede ocurrir? ¿Qué necesitaré? ¡Cuanto más preparados vayamos, mejor sabremos reaccionar ante los imprevistos!

Como un oso

A finales de febrero, Stéphane Lévin contempló la salida del sol con lágrimas de alegría. ¡Había sobrevivido a la noche polar! También recopiló cientos de datos para analizar que servirían a muchos médicos y científicos, pero el regreso a Toulouse no fue nada fácil: «Me convertí en un oso, tuve que aprender poco a poco a reintegrarme en sociedad. Me hicieron falta dos años para recuperarme de la experiencia a nivel físico y emocional». Posteriormente, el explorador escribió libros, dio conferencias, se llevó a estudiantes a 3 expediciones y preparó su siguiente misión: ¡una estancia de 4 meses en el Desierto del Namib, el más caluroso del mundo! •

El navío encallado en el hielo

En 1893, el noruego Nansen dejó que su navío, el *Fram*,
se quedara encallado en la banquisa para ir a la deriva con ella.
¡110 años más tarde, la misión Tara Ártico retoma la experiencia!

Tara sobre la banquisa. A mitad del invierno, el navío quedará prácticamente recubierto de hielo.

COORDENADAS

¿Quién? El equipo de *Tara* y los científicos del programa Damocles.
¿Cuándo? Del 11 de julio de 2006 al 24 de enero de 2008.
¿Dónde? A la deriva en el océano Ártico.
¿Por qué? Para estudiar la evolución del clima.

Un barco encallado

El 3 de septiembre de 2006, la goleta *Tara* navegó entre los glaciares que flotaban en el océano Ártico hasta que se volvieron demasiado gruesos como para poder romperlos. El capitán arremetió entonces contra ellos con los dos motores a toda máquina hasta que las 180 toneladas que pesaba *Tara* se elevaron sobre el hielo con un ruido sordo. ¡El barco se había concebido para eso! Posee un casco redondo y planchas de aluminio soldado diseñados para resistir el frío y la presión del hielo. Lo construyó Jean-Louis Étienne en 1989, pero lo compró el empresario Étienne Bourgois para organizar su primer gran desafío: una deriva integral alrededor del Polo Norte.

Los «taranautas»

Tras estabilizar a *Tara* en el hielo, evacuaron al equipo técnico en helicóptero y se quedaron dentro 10 personas, entre ellas el capitán del navío y Grant Redvers, el jefe de la expedición. El científico Jean-Claude Gascard coordinaba los estudios de glaciología, meteorología, microbiología y corrientes marinas, entre otros. En total se emplearon más de 48 laboratorios para analizar el entorno sobre la banquisa y bajo el agua, pero ¡también a 4000 m de profundidad y a 3000 m de altura! ¿El objetivo? Comprender mejor el océano Ártico y estudiar los efectos del calentamiento global sobre los glaciales.

A merced de la corriente

Los meses pasaban y el navío iba a la deriva. Todos participaban en la vida cotidiana: cocinaban, fregaban los platos, limpiaban o elaboraban agua potable. Todo debía estar muy bien organizado en un espacio tan restringido, ¡recordaba mucho al de una nave espacial! A principios de mayo de 2007, un nuevo equipo científico relevó al primero para pasar una segunda hibernación de 9 meses. El 20 de enero de 2008 el glaciar liberó al navío, que salió de nuevo a flote. La deriva duró 504 días, durante los cuales Tara recorrió 5000 km, 2500 de ellos a vuelo de pájaro. Sin embargo, en 1893 la deriva del *Fram* de Nansen duró el doble de tiempo, por lo que los resultados no arrojaban nada bueno sobre las condiciones actuales de la banquisa.

Tara ecológica

Como se temía, la misión Tara Ártico confirmó que la banquisa podría desaparecer en torno al año 2020. Entre 2009 y 2013, en el marco de la misión *Tara Océans,* un nuevo equipo navegó durante tres años y medio alrededor del planeta para estudiar el plancton marino, un gran emisor de oxígeno a la atmósfera. ¡Hoy en día, *Tara* prosigue sus andaduras para concienciar a la población sobre la importancia de la ecología! •

LA GOLETA IBA A LA DERIVA A UNA MEDIA DE 10 KM POR DÍA, Y SE DESPLAZÓ HASTA A 170 KM DEL POLO NORTE.

SI LA CAPA DE HIELO DESAPARECIERA...

Aumentaría el nivel del agua y alteraría numerosos ecosistemas marinos, ya que ciertos animales, como los osos polares, no encontrarían nada con lo que alimentarse. Esto podría modificar las corrientes marinas que influyen sobre el clima y liberar a la atmósfera grandes cantidades de gas que en la actualidad se hallan atrapados bajo el suelo congelado...

LOS DESIERTOS

Existen distintos tipos de desiertos, como los polos, las estepas o incluso las montañas más altas, pero ¡lo primero que se nos viene a la cabeza siempre son los desiertos cálidos!

DESIERTO DE MOJAVE

SÁHARA

DESIERTO DE NAMIB

ATACAMA

MUNDOS SIN AGUA

Un entorno desértico se caracteriza por su aridez, ya que se evapora más agua de la que cae con las precipitaciones. En el Polo Sur, por ejemplo, solo llueven 10 cm de agua al año (en forma de nieve). En la zona central del Sáhara cae un máximo de 5 cm de lluvia anual repartida en varios chaparrones intensos, pero ¡también puede ocurrir que no caiga ni una sola gota en muchos años!

Las regiones áridas o semiáridas ocupan casi un tercio de la superficie de tierra firme.

TERRITORIO DEL VIENTO

Cuando el clima es muy seco no hay vegetación que proteja del sol, por lo que la fuerza del viento modela el paisaje. Por lo general, el suelo es una enorme planicie lisa, pero si existen relieves las rocas adoptan formas muy peculiares por el desgaste y la erosión del viento cargado de arena. Y cuando solo hay arena, el viento la levanta y forma dunas que se desplazan lentamente, como olas...

14 000 000 KM²

Esa es la superficie de la Antártida, el desierto helado más grande del mundo. En cuanto al Sáhara, el desierto cálido más grande del mundo, ocupa 8 600 000 km², de los cuales un 20 % están cubiertos de arena.

DESIERTO DE GOBI

DESIERTO DE ARABIA

DESIERTO DE AUSTRALIA

CALOR Y FRÍO

La mayor parte de los desiertos cálidos se sitúan a las mismas latitudes, en las zonas donde el aire es más seco. El cielo está casi siempre despejado, no existen nubes que actúen como reguladoras térmicas, por lo que durante el día hace muchísimo calor y de noche las temperaturas descienden en picado. ¡De tanto abrasarse y congelarse, las piedras terminan por reventar! •

TRUCOS PARA EXPLORADORES

- En entornos áridos, protégete bien la cabeza para evitar sufrir un golpe de calor.
- Bebe con regularidad, pero en pequeñas cantidades, para que el cuerpo asimile mejor el agua.
- Refúgiate bajo alguna sombra durante las horas de más calor.

El navegante del Sáhara

Théodore Monod, un joven diplomado en Zoología, estudiaba los océanos cuando una expedición por el Sáhara le llevó a descubrir la pasión que le guiaría a lo largo de su longeva existencia...

¡Por algunas de las zonas que exploró Théodore Monod no había pasado ningún ser humano desde hacía miles de años!

COORDENADAS

¿Quién? Théodore Monod, Jean Bellon y 18 personas más.
¿Cuándo? Del 14 de octubre al 12 de noviembre de 1923.
¿Dónde? A través de Mauritania.
¿Por qué? Para investigar una nueva ruta.

Primer contacto

En 1922, Théodore Monod tenía 20 años y había iniciado una carrera científica en el Museo Nacional de Historia Natural. Soñaba con viajar, y lo aceptaron como estudiante en prácticas en el «laboratorio de pesca colonial». ¿Su misión? Estudiar la fauna marina de Mauritania a lo largo de la costa sahariana. El joven trabajó duro, peinó la costa en todos los sentidos, llenó cuadernos enteros de notas... Pero por mucho que adorara el océano, no podía evitar sentirse atraído por el desierto. Escribió: «¿Cómo no se me iban a ir los ojos hacia aquel horizonte cubierto de polvo luminoso, deformado por los reflejos de los espejismos, mientras montaba en mis primeros camellos? ¿Cómo no iba a sentir la tentación del terreno desconocido que se ocultaba tras el sol naciente?».

Primer *méharé*

Cuando terminó su misión y se disponía a regresar, entristecido por el viaje de vuelta, un amigo, el capitán Bellon, le comentó que iba a emprender un *méharé* por Mauritania. El joven pidió autorización para participar y... ¡se la concedieron! El 14 de octubre de 1923, una caravana compuesta por 10 dromedarios se adentró en el desierto que tanto había estudiado Monod en sus mapas. El joven tomaba notas de toda índole: geografía, botánica, meteorología y geología. También plasmaba sus pensamientos y sentimientos, como haría a lo largo de toda su vida. Tras 28 días y 800 km recorridos, la caravana llegó a Saint Louis de Senegal. Théodore lo tenía muy claro: ¡el océano que quería explorar se formaba de piedras y arena!

EN ÁFRICA DEL NORTE LLAMAN «MÉHARI» A UN DROMEDARIO CON SILLA. UN «MÉHARÉ» ES UN VIAJE A LOMOS DE DICHO ANIMAL.

«El Tanezrouft es un desierto inmenso, por lo que hay que decidir aventurarse para ver qué hay dentro y, si no hay nada, comprobarlo dos veces para asegurarse».

Nota en su diario, enero de 1936.

Viajar ligero

Cinco años más tarde, las notas que tomó a lo largo del *méharé* dieron lugar a una publicación científica, pero hasta entonces el joven regresó varias veces al Sáhara. En 1927, por ejemplo, participó en una expedición de Argelia a Dakar pasando por Tombuctú y descubrió «el hombre de Asselar», un esqueleto completo del Neolítico, datado en unos 7500 - 10 000 años de antigüedad. Con cada viaje, Théodore Monod adquiría más experiencia y desarrollaba su propio estilo. A diferencia de las aparatosas expediciones coloniales de la época, él prefería viajar ligero, con 6 o 10 camellos y 3 o 4 camelleros; así no se cargaban de objetos superfluos y se centraban en lo esencial: el trabajo científico y la meditación personal.

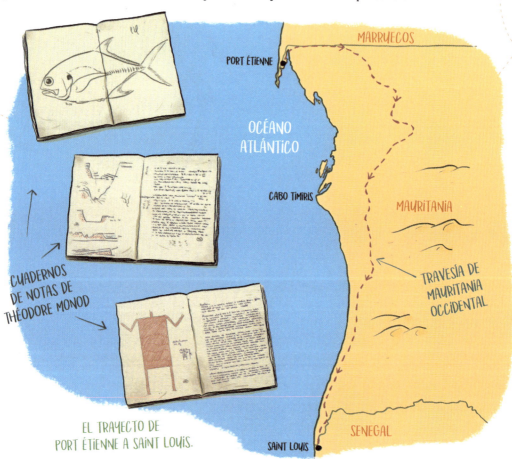

El «loco del desierto»

Así se referían a él las poblaciones locales, que admiraban su resistencia. Entre 1934 y 1935, Théodore Monod exploró el oeste del Sáhara en busca de un meteorito gigante durante 14 meses. En 1936 realizó la primera travesía por el Tanezrouft, la «tierra de los sedientos», uno de los lugares más áridos del mundo. Después trabajó para el Instituto Francés del África negra en Dakar, del que será director de 1939 a 1965. Y, aunque nunca dejó de viajar, no lograba satisfacer su curiosidad, por lo que en 1948 se presentó voluntario para participar en las primeras pruebas de batiscafo del profesor Piccard. La inmersión no superaba los 25 metros de profundidad, pero como a Théodore le gustaba señalar: «¡Si decimos 25 000 mm, se entiende de otra manera!».

Una vida de pasión

¿Quién lo habría imaginado en aquella época? El *méharé* de 1923 no fue más que el primero de una larga serie de los 124 viajes de Théodore Monod, sobre todo a través del Sáhara, y muy a menudo por Adrar, en el corazón de Mauritania, su territorio preferido para explorar. Allí transcurrió su último viaje, durante 15 días, en 1998. A los 96 años, Théodore Monod había perdido la visión casi por completo, se había convertido en un respetable anciano con la piel curtida por el desierto y había alcanzado la fama por su desempeño científico y sus movimientos por la paz. Cuando falleció, en el año 2000, el mundo entero le rindió homenaje. •

LOS NOMBRES DE LAS COSAS

En 75 años de exploraciones, Théodore Monod hizo miles de observaciones científicas y tomó innumerables muestras. Hay una pequeña flor del Sáhara, única en su especie, que se llama *Monodiella* en su honor, y más de 150 especies animales y vegetales llevan un nombre que termina en *-monodi, -monodianum, -monodosus...*

MONOD SE DEFINÍA COMO UN «INVESTIGADOR DE LO ABSOLUTO»: EN EL DESIERTO UNO COMPRENDE LO QUE VERDADERAMENTE IMPORTA.

La misión Dakar-Yibuti

En los años 30, un grupo de científicos atravesó África para estudiar sus poblaciones. Por aquel entonces el continente aún se componía en gran parte de las colonias conquistadas por Europa.

LA RUTA DE LA EXPEDICIÓN

COORDENADAS

¿Quién? Un equipo de 11 científicos y escritores.
¿Cuándo? De mayo de 1931 a febrero de 1933.
¿Dónde? Atravesando África de oeste a este.
¿Por qué? Para explorar nuevos territorios, estudiar sus pueblos y recopilar objetos.

Una vasta empresa

En 1928, el etnólogo Marcel Griaule hizo un primer viaje de 5 meses a Etiopía. Era un pionero del trabajo «sobre el terreno», él mismo participaba en la vida de los pueblos que estudiaba. Cuando regresó, y con el apoyo del Museo Etnográfico de Trocadero, logró convencer al gobierno de que financiara una gran expedición oficial a través de África. Griaule reclutó a su amigo Michel Leiris, secretario y archivista, y a varios especialistas: un lingüista, un musicólogo, un pintor, un geólogo, un botánico, etc. Los científicos iban equipados con el material más moderno de la época, como fonógrafos que registraban sonidos... ¡grabando cilindros recubiertos de cera con una aguja de acero!

El sistema colonial

La expedición atravesó primero los países del África occidental colonizados por Francia a finales del siglo XIX, a caballo, en camión o en barco. El gobierno francés vio en esta misión la oportunidad de reafirmar el poder de Francia en África y contrarrestar la creciente influencia de Inglaterra. Sin embargo, para Marcel Griaule era la ocasión perfecta para conocer mejor a los pueblos africanos en toda su esencia, antes de que el mundo moderno los transformara irremediablemente. Aun así, el etnólogo utilizó algunos métodos que hoy en día nos resultarían chocantes, como sacar partido de «representar» a Francia, «poseedora» de esos países, convenciendo así a los jefes de las tribus de que le donaran algunos objetos sagrados...

El pueblo dogón

Al llegar a Sangha, en el Sudán francés (hoy en día, Mali), la expedición se encontró con el pueblo dogón, caracterizado por construir sus casas en los acantilados. Los investigadores se quedaron allí varios meses, fascinados por una sociedad de paisanos que buscaban vivir en armonía con el universo y que hacían gala de una cultura increíblemente rica y compleja. Años después, Marcel Griaule regresará con los dogones y consagraría gran parte de su vida a estudiar su sociedad. ¡Tras su muerte, en 1956, sus amigos dogones celebraron unos funerales tradicionales jamás vistos por el hombre blanco!

LOS EXPLORADORES «CIVILIZADOS» COMÍAN SENTADOS A LA MESA, EN PLATOS DE PORCELANA.

«Dejé de ver a los africanos desde una perspectiva exótica para prestar atención a lo que les acercaba a las personas de otros países, en lugar de a los aspectos culturales tan pintorescos que los diferenciaban».

Michel Leiris, *El África fantasmal.*

OCULTOS DURANTE MIL AÑOS EN EL CORAZÓN DE UNOS PAISAJES IMPRESIONANTES, EL TERRITORIO DE LOS DOGONES PASÓ DESAPERCIBIDO DURANTE MUCHO TIEMPO PARA LOS VIAJEROS.

Una buena «cosecha»

En 1932, la expedición realizó su viaje por el África colonial: la Nigeria inglesa, el África ecuatorial francesa, el Congo Belga... En Etiopía, un país independiente, se quedaron bloqueados durante cinco meses. Al final, después de casi dos años y 20 000 km recorridos, la misión llegó a Yibuti y al mar Rojo. Se llevaron de vuelta a Francia un tesoro compuesto por 3500 objetos, que incluía importantes piezas (máscaras, estatuillas, pinturas) y todo tipo de objetos cotidianos, como instrumentos de música, juguetes, herramientas... Sin olvidar las 6000 fotografías, las 15 000 fichas y las numerosas grabaciones y películas.

MÁSCARAS DOGONAS PARA LLEVAR A CABO EL SIGUI, UN RITUAL DE REGENERACIÓN.

Una nueva perspectiva

En 1934 se inauguró una gran exposición en el museo de Trocadero que contó con la presencia de Joséphine Baker, una famosa bailarina afroamericana. Acudieron muchos visitantes para admirar una parte de África desconocida hasta la fecha, y los artistas cayeron rendidos ante el «arte negro». Ese mismo año, Michel Leiris publicó su diario de expedición, *El África fantasmal,* en el que revelaba los secretos de su viaje y concienciaba sobre las limitaciones del sistema colonial. Sistema que desapareció 20 años más tarde con la independencia de los países africanos. •

DE UN MUSEO AL OTRO

¿Qué ocurrió con los objetos que se recopilaron? El museo de Trocadero cerró en 1937, reemplazado por el Museo del Hombre, que aún conserva parte de ellos. Otros fueron a parar al Museo de las Artes de África y de Oceanía, que a su vez cerró en 2006, por lo que hoy en día se pueden admirar en el Museo del Quai Branly, en París.

El bestiario fantástico de Tassili

Durante los años 30, Henri Lhote se interesó por las pinturas rupestres del Sáhara central, prácticamente desconocidas hasta la fecha. Veinte años más tarde, una expedición le permitió revelar al mundo su extraordinaria belleza.

«Llegamos al centro de un auténtico bosque de piedras con columnas de arenisca, como si se tratara de una ciudad en ruinas sumergida en la arena».

COORDENADAS
¿Quién? Henri Lhote y 5 compañeros de equipo.
¿Cuándo? De febrero de 1956 a enero de 1957.
¿Dónde? Región de Hoggar, Sáhara argelino.
¿Por qué? Para hallar y analizar grabados rupestres.

Una larga espera

El 20 de febrero de 1956, una caravana de 30 dromedarios se dirigió hacia el oasis de Djanet, en el sur argelino, con el guía Djebrine Machar Ag Mohamed a la cabeza, toneladas de material y de víveres y un equipo compuesto por cuatro artistas, un fotógrafo y el organizador de la expedición: Henri Lhote. Le costó cuatro años de preparación, pero llevaba soñando con este momento desde antes de la Segunda Guerra Mundial, a raíz de sus primeros viajes al Sáhara como joven etnólogo. Posteriormente, Henri Lhote se especializó en Prehistoria y trabajó junto al abate Breuil, un gran experto en pinturas rupestres. ¡Ni qué decir que se sentía más que preparado!

«Lo que hemos visto trasciende los límites de la imaginación, hemos identificado más de treinta estilos diferentes [...] Se trata de una revelación abrumadora: por el Sáhara han pasado múltiples civilizaciones...».

Henri Lhote

PATRIMONIO MUNDIAL

Tassili n'Ajjer y sus frescos están protegidos por la UNESCO, un organismo de las Naciones Unidas. Considerado un bien cultural, lo gestiona una oficina que se encarga de su preservación. El turismo está muy controlado y los visitantes siempre van acompañados por un guía. Por desgracia, la complicada situación política también convierte estas zonas en áreas muy peligrosas...

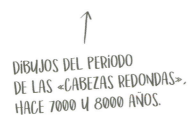

↑ DIBUJOS DEL PERIODO DE LAS «CABEZAS REDONDAS», HACE 7000 Y 8000 AÑOS.

Los frescos constatan los cambios del clima. El Sáhara se secó progresivamente, entre 5600 y 2700 años atrás, cuando las lluvias del monzón tropical se redujeron y terminaron desapareciendo.

Un mundo mineral

Tassili n'Ajjer se sitúa en una meseta desértica muy elevada y extensa. Para llegar al desfiladero más alto, era necesario bajarse de los dromedarios y echarse a la espalda lo más básico, como los utensilios de dibujo, debido al calor asfixiante. Así, la caravana avanzó durante días por un entorno fantástico de arenisca, una roca muy dura compuesta de arena aglutinada, con formas extrañas esculpidas por el viento. Tras haberse instalado en el campamento, el equipo se encaminó sin más dilación hacia los refugios bajo las piedras de los alrededores, y descubrieron asombrados las primeras imágenes directamente venidas del pasado...

Paciencia y precisión

Antílopes, jirafas, hipopótamos, elefantes, grandes felinos... La fauna que se representa evidencia que existió un clima mucho más favorable que el actual. En unos meses, el equipo registró miles de dibujos y grabados y realizó cientos de copias exactas. Como la erosión había hundido el suelo, los frescos se situaban a tres metros de altura, por lo que pintor copiaba los dibujos calcándolos sobre la pared, subido a una escalera. Después, ya sobre la mesa, reproducía a la aguada un fondo del color de la roca y pasaba el dibujo calcado a este fondo de la forma más exacta posible. Todo este trabajo se llevó a cabo bajo condiciones extremas de calor y frío, ¡y sin olvidar las tormentas de arena!

DIBUJOS DEL PERÍODO DEL BUEY, DE HACE UNOS 5000 AÑOS.

Pueblos desaparecidos

Los artistas también se representaron a ellos mismos en los dibujos, y gracias a estos indicios distinguimos varios asentamientos en Tassili. El más antiguo, de hace 7000 u 8000 años, pertenece al periodo de las «cabezas redondas», y son personajes representados sin ojos ni boca. En el periodo del «buey», 2000 años más tarde, se representan ganaderos nómadas con sus arcos huyendo del Sáhara, que comienza a desertificarse. Después vino el periodo del «caballo» (800 a. C.), con sus inscripciones en *tiffinagh*, la escritura tuareg, acompañadas de personajes retratados mediante dos triángulos. Por último, el periodo del «camello» (desde el 200 a. C.) se caracteriza por unos trazos más gruesos y grabados tallados en la roca. En definitiva, ¡varias épocas se superponen sobre el mismo fresco!

EL FRESCO DEL «GRAN DIOS» EN SEFAR, PERIODO DE LAS CABEZAS REDONDAS.

Un gran éxito

Tras 10 meses de trabajo, esta primera misión llevó a París más de 800 planos, en torno a 1500 m^2 del total de los frescos. Se organizó una gran exposición en el Museo de Artes Decorativas de París, que obtuvo mucho éxito, pues la belleza de estas imágenes prehistóricas caló en la imaginación de Occidente. El ministro de cultura, André Malraux, decidió financiar las futuras expediciones de Henri Lhote, que consagraría su vida a estudiar y dar a conocer estas fascinantes «montañas ilustradas». •

Lucy y Toumaï: los albores de la humanidad

La historia del ser humano comenzó en África hace millones de años y los paleontólogos han excavado en condiciones muy difíciles para encontrar sus huellas. ¡Por suerte, se sucedieron tres grandes descubrimientos desde 1974 con gran repercusión mundial!

COORDENADAS

¿Quién? Varios equipos científicos.
¿Cuándo? 1974 (Lucy), 1995 (Abel) y 2001 (Toumaï).
¿Dónde? Etiopía y Chad.
¿Por qué? Para encontrar las huellas de los primeros seres humanos.

Los buscadores de huesos

En 1965, el joven geólogo Maurice Taieb decidió explorar el valle de sedimentos del río Awash, en Etiopía. Regresó varias veces en solitario, a pie o montado en un asno, hasta que en 1969 reparó en una zona rica en fósiles de grandes mamíferos. Logró reunir un pequeño equipo internacional en 1973 para explorarla, con el francés Yves Coppens y el americano Donald Johanson. Así, un día de noviembre de 1974, Tom Gray, un estudiante americano, llamó la atención de todos a gritos: «A cielo abierto, y al retirarse el agua, aparecieron decenas de costillas y vértebras entre las que se intuía la forma de un esqueleto casi completo». Un esqueleto… ¡humano!

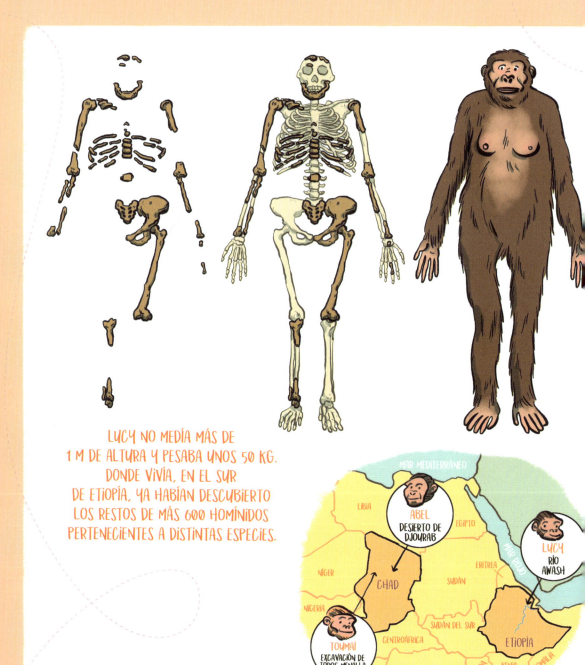

Lucy y su teoría

Completaron el puzle en el campamento: se encontraron 52 huesos, un 40 % del esqueleto. La pelvis correspondía a la de una mujer y llamaron a la criatura Lucy, un guiño a una canción de Los Beatles, pero lo más importante era que al analizar la rodilla, el tobillo y el pie, se constató que podía caminar erguida. Cuando los análisis dataron el fósil en 3,2 millones de años, la noticia conmocionó al mundo entero: ¡Lucy era nuestro antepasado más antiguo! Yves Coppens formuló la teoría de *East Side Story:* la separación entre el hombre y el simio habría comenzado ocho millones de años atrás, cuando una falla, la del Rift, separó África en dos partes. En la costa este, la de Lucy, la desaparición de los bosques habría obligado a los primeros humanos a caminar erguidos.

«"Cuando no sepas hacia dónde ir, párate a pensar de dónde vienes". Para mí, este proverbio senegalés describe, en esencia, la labor de los paleontólogos».
Yves Coppens

LA PACIENCIA ES LA VIRTUD DE LOS PALEONTÓLOGOS. MICHEL BRUNET BUSCÓ DURANTE MÁS DE 20 AÑOS ANTES DE HALLAR EL PRIMER VESTIGIO PREHUMANO.

La mandíbula de Abel

Mientras que la mayor parte de los investigadores se centraban en el este del Rift, otro francés, Michel Brunet, se quedó en el oeste con el apoyo del propio Coppens. En 1994 exploró el desierto de Djourab (Chad), donde los sedimentos del suelo se erosionaban al soplar el viento sobre ellos, desvelando lo que había debajo. En enero de 1995, el conductor de la expedición encontró una mandíbula inferior con un incisivo (de cuatro), dos caninos y dos premolares a cada lado. «Cuando vi aquello —cuenta Michel Brunet— enseguida supe que se trataba de la mandíbula de un homínido». Lo llamaron Abel, y descubrieron que ese fósil tenía la misma edad que Lucy. ¡En el oeste, entre los bosques, también vivieron antepasados del ser humano!

AHOUNTA DJIMDOUMALBAYE

MICHEL BRUNET

CAVAR CON EL «PICO» ADECUADO

Un paleontólogo no escoge nunca un terreno al azar. Lo ideal es situarse junto al cauce de un antiguo río. Los especialistas estudian así la naturaleza de los sedimentos, los rastros de polen, los crustáceos microscópicos... Esta investigación les permite recrear el clima del lugar, la profundidad del agua o la temperatura. ¡Cuando todos los indicios son favorables, entonces comienzan las excavaciones!

La «bomba» Toumaï

En 1997, Michel Brunet decidió excavar en una zona nueva, la de Toros-Menalla, pese a la dificultad de las condiciones... Pero los años pasaban y ante la ausencia de resultados, se descorazonaron. ¿Y si lo de Abel solo fue casualidad? El 19 de julio de 2001, cuando estaban a punto de tirar la toalla, el investigador chadiano Ahounta Djimdoumalbaye se percató de una especie de bola calcárea sobre el suelo en la que se distinguía un cráneo muy bien conservado. Lo llamaron Toumaï («esperanza de vida», en el idioma local), el fósil poseía las características que lo asociaban a los humanos, no a los simios. La datación por carbono 14 reveló que tenía siete millones de años: ¡un increíble salto en el tiempo!

ADEMÁS DE TOUMAI, SE DESCUBRIERON LOS RESTOS DE CINCO CRÁNEOS MÁS EN LA MISMA ZONA, PERO NINGÚN OTRO HUESO DEL CUERPO.

Continuará...

Gracias a las investigaciones sobre el terreno, nuestros conocimientos sobre el lejano pasado de la especie humana avanzan constantemente. Sabemos, por ejemplo, que los homínidos frecuentaban las zonas boscosas y que vivían en un territorio bastante más grande del que achacábamos a Lucy. También que podemos rastrear el origen de los primeros seres humanos hasta diez millones de años atrás, y que sin duda aún quedan muchos más esqueletos que «duermen» a la espera de que algún día se revelen sus secretos. •

Terra deserta

Acostumbrado a sobrevivir en terrenos desérticos cálidos, Régis Belleville decide emprender un gran desafío junto a un camellero mauritano: recorrer en *méharé* la máxima distancia posible entre dos puntos de agua.

TAHA OULD BOUESSIF

RÉGIS BELLEVILLE

En línea recta

El «desierto de los desiertos», así denominaban a Majâbat al-Koubrâ, una zona extremadamente árida, la más recóndita y vasta del Sáhara. Thédoroe Monod pasó por allí dos veces entre los años 1950 y 1990, pero no llegó a explorarla del todo. Régis Belleville decidió intentar atravesarla por primera vez trazando sobre el mapa una ruta de 1137 km en línea recta, de los cuales 1001 transcurrirían sin acceso al agua. Para prepararse, incrementó sus *méharés* durante tres años. Su amigo, el camellero Taha Ould Bouessif, decidió acompañarle aún a riesgo de perder la vida en la aventura. El 15 de enero de 2002, los dos hombres se adentraron en lo desconocido con ocho dromedarios cargados de efectos personales, comida y 400 litros de agua.

¡39 días sin beber es un récord inigualable para los dromedarios, que llevan a cabo un esfuerzo diario intenso!

COORDENADAS

¿Quién? Régis Belleville y Taha Ould Bouessif.
¿Cuándo? Del 15 de enero al 4 de marzo de 2002.
¿Dónde? Entre Chinguetti (Mauritania) y Tombuctú (Mali).
¿Para qué? Para conseguir un logro personal y estudiar la adaptación del cuerpo humano a la deshidratación extrema.

Un mundo deshabitado

Para tener éxito, el viaje debía ser lo más corto posible, sin sobrepasar nunca los 50 días de duración. Y era necesario cumplir estrictamente el programa previsto: Régis y Taha caminaron como mínimo 23 km diarios entre un océano de dunas vivas, con temperaturas que alcanzaban los 40 °C a la sombra. En la parte central del desierto abordaron una zona desconocida de 100 000 km^2, donde constataron la ausencia total de toda forma de vida, animal o vegetal. Pero esto no fue siempre así: emocionados, los viajeros descubrieron varias pinturas rupestres del Neolítico medio, de hace menos de 3500 años, sobre una roca de varios metros de altura.

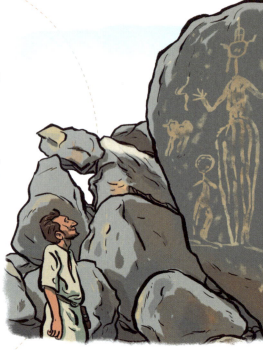

CUANDO SE PINTARON ESTOS FRESCOS, EL SÁHARA ACABABA DE DESERTIFICARSE.

RÉGIS TAMBIÉN RECOPILÓ METEORITOS PARA EL MUSEO NACIONAL DE HISTORIA NATURAL.

Hambre y sed

«Día 33. Nuestras reservas de alimentos se agotan, esta zona de *aklés*, de dunas que cabalgan entre sí, es un infierno. Avanzamos muy despacio y damos vueltas sin cesar a estas montañas de arena. Nos quedan aún 400 km...». Durante 15 días, los hombres se alimentaron con granos de avena destinados a los dromedarios. Los tostaban y los machacaban con una rueda de piedra para elaborar una fina papilla. Taha llegó a pensar en sacrificar a uno de los animales para beberse el líquido de su estómago, pero por suerte no fue necesario. El día 49, los caminantes vislumbraron por fin Tombuctú, que señalaba el fin de un recorrido que muchos habían juzgado imposible.

RESPETAR EL ENTORNO

Siguiendo la tradición *méharé*, para Régis Belleville era esencial fusionarse con el paisaje, no alterar nada en un entorno que por lo general se ha mantenido íntegro. Así que cuando abandonaba un campamento, dejaba el mismo rastro que un nómada sahariano: ¡huesos de dátiles, un poco de ceniza y nada más!

El camellero blanco

Así lo denominaron los pueblos del desierto. Régis Belleville aceptó en 2005 un reto aún más descabellado: atravesar el Sáhara en solitario y a pie, de oeste a este, atravesando unos 6000 km. Partió del océano Atlántico y recorrió dos tercios del trayecto, pero tuvieron que rescatarlo casi sin fuerzas en el Teneré. Desde entonces se le conoce como uno de los mayores especialistas del mundo de este medio, y hoy en día trabaja para la comunidad científica en distintos ámbitos de especialización, aunque se dedica sobre todo a estudiar la resistencia del cuerpo humano frente a la deshidratación. •

LA MEZQUITA DE SANKORÉ, EN TOMBUCTÚ, AL FONDO. EL FINAL DEL TRAYECTO.

MICROORGANISMOS

Durante sus expediciones por el desierto, Régis Belleville observó y tomó muestras de más de 126 especies de bacterias «extremófilas» que vivían en la arena. Algunas podrían llegar a servir para producir nuevas moléculas para la industria farmacéutica.

LAS SELVAS

Algunos las describen como «el infierno verde», pero los exploradores modernos las consideran un tesoro valiosísimo y una fuente de biodiversidad.

3 PAÍSES

Tan solo Brasil, Indonesia y la República Democrática del Congo albergan más de dos tercios de las selvas tropicales del planeta.

BRASIL

CONGO

UN CLIMA CÁLIDO Y HÚMEDO

Las selvas tropicales no entienden de estaciones. Aquí, el sol calienta todo el año y la temperatura es constante, entre 25 y 30 °C. El cielo suele estar cubierto de nubes: caen al menos 10 cm de precipitaciones al mes, y el grado de humedad a nivel del suelo es elevadísimo. La vegetación es muy densa y se mantiene continuamente: se dice que es sempervirente, lo que significa que los árboles jamás pierden las hojas.

Las selvas tropicales húmedas se extienden sobre el 10 % de la tierra firme. Representan casi la mitad de la superficie total de la vegetación.

TROPICALES

RESERVA DE VIDA

Las selvas tropicales albergan más de la mitad de las especies vivas que se conocen. En el Amazonas hay al menos 1000 especies de pájaros, 3000 especies de peces, 40 000 especies de plantas y 2,5 millones de insectos. Las selvas son muy antiguas, por lo general tienen más de 100 millones de años, y han permitido que la vida se diversifique sin interrupción además de servir de refugio durante los periodos glaciales.

LOS NIVELES DE LA SELVA

El suelo, la sombra y la humedad es el hábitat natural de los insectos y los pequeños animales de pelaje oscuro. Cuanto más nos acercamos a la luz, más estratos vegetales se suceden, y cada uno presenta unos habitantes más coloridos. Las mariposas liban las flores, los insectos viven en el bosque, los pájaros anidan en los troncos huecos y algunos animales que viven en las alturas, como ciertas clases de simios, no bajan al suelo nunca. •

INDONESIA

TRUCOS PARA EXPLORADORES

- El verdadero peligro de la selva lo constituyen los insectos pequeños. Un buen gorro con solapas grandes evitará que se te posen sobre el cuello.

- Encontrar agua no es fácil. Aprende a reconocer las lianas que la contienen.

- ¿Te has perdido? Escala hasta la cima de un árbol para ubicarte.

Alerta en el Amazonas

En una época en la que el mundo se preocupaba bien poco por la ecología, Jean Dorst se adentró en el Amazonas para constatar sobre el terreno los efectos de la deforestación. Es uno de los pioneros en señalar esta terrible situación...

La selva amazónica ocupa cinco millones y medio de kilómetros cuadrados, diez veces la superficie de España.

COORDENADAS

¿Quién? Jean Dorst, Jean Revel-Mouroz y Claude Collin-Delavaud.
¿Cuándo? Principios del año 1978.
¿Dónde? Selva amazónica.
¿Por qué? Para evaluar el impacto del hombre sobre el medio ambiente.

Un científico comprometido

En 1978, Jean Dorst dirigía el Museo de Historia Natural de París. Era un ornitólogo mundialmente reconocido, especializado en la biología y el comportamiento de los pájaros, así como un gran naturalista sobre el terreno que, gracias a sus numerosos viajes alrededor del mundo, ha podido constatar la rápida degradación de los entornos naturales. Diez años antes, en 1965, publicó un libro que se hizo muy famoso, *Antes que la naturaleza muera*, en el que mencionaba por primera vez la «biodiversidad» y la necesidad de preservarla. Para poder sostener mejor sus argumentos, decidió contemplarla y dar testimonio de primera mano, y así emprendió esta nueva misión en la selva del Amazonas.

El bosque de várzea

Jean Dorst viajó hasta Brasil con dos compañeros para pasar varios meses en las proximidades del río Amazonas y estudiar la várzea, la zona forestal situada entre 20 y 100 km del cauce principal del río. Cada año, las crecidas inundaban la zona en la estación de las lluvias, y cuando el agua se retiraba quedaban grandes cantidades de aluviones que dejaban la tierra muy fértil. Los indios llevaban toda la vida cultivando pequeñas áreas y desplazándolas regularmente para que el suelo se regenerase, pero posteriormente aparecieron otros hombres que arrancaban los árboles con apisonadoras y convertían la selva en inmensas planicies devastadas...

Un equilibrio frágil

A pie o con la ayuda de piraguas, los científicos exploraron la várzea virgen, sin ninguna influencia humana. Les sorprendió muchísimo que el terreno de la selva fuera tan pobre; los elementos nutritivos que aportaban las crecidas eran los que permitían sobrevivir a la fauna, la base de toda la cadena alimenticia, y al mismo tiempo la presencia de árboles retenía la tierra y evitaba que se secara. En definitiva, lo que descubrieron Dorst y sus compañeros es que la várzea dependía de este frágil equilibrio, que quedaría destruido en caso de deforestación. Es decir, ¡sin la protección de los árboles, el suelo se volvería yermo al cabo de tan solo dos o tres años de explotación!

«Solo conservaremos la naturaleza si el hombre le manifiesta un poco de amor, simplemente porque es bella y porque necesitamos esa belleza en nuestra vida».

Jean Dorst

EN TEMPORADA DE LLUVIAS, LAS AGUAS FANGOSAS INUNDABAN LA VÁRZEA, Y AL RETIRARSE DEJABAN UN DEPÓSITO MUY FÉRTIL.

PARA PROTEGERSE DE LAS SERPIENTES Y LOS COCODRILOS, LO IDEAL ES ALBERGARSE EN UNA MARUMBA, UNA CABAÑA CONSTRUIDA SOBRE PILOTES.

¿HASTA QUÉ PUNTO HA LLEGADO LA DEFORESTACIÓN?

En 2015 se estimó que la selva amazónica había perdido un 18 % de su superficie desde 1970. ¡Eso es muchísimo! Pero el ritmo de la deforestación se ha ralentizado gracias a una vigilancia exhaustiva con imágenes por satélite y a la acción firme del gobierno brasileño. Además, el 13 % del Amazonas se ha clasificado como «zona protegida» para que sirva de reserva a la biodiversidad.

Voz de alarma

Jean Dorst abandona las várzeas con pesimismo. «La atacan por muchos flancos, la dividen las carreteras... El Amazonas, que ha resistido tantas inclemencias desde la era terciaria, corre el riesgo de convertirse en una tierra muerta a manos del hombre por un beneficio ilusorio y a corto plazo». Por lo tanto, se vuelca en apelar a la opinión pública. Comienzan a describirse las selvas tropicales como «los pulmones verdes» del planeta, en los que descubrimos verdaderos secretos de la biodiversidad, como que ciertos mamíferos representan un papel determinante en la polinización. Cada vez se descubre más sobre la selva tropical, pero aún falta la voluntad firme de actuar.

¡IMPOSIBLE DESPLAZARSE EN OTRO MEDIO QUE NO SEA LA PIRAGUA.

Pensar en el futuro

Jean Dorst, defensor infatigable del patrimonio natural, participó en numerosos eventos y apoyó muchas causas hasta su muerte en 2001. Representó un papel muy activo en la toma de conciencia ecológica, pero odiaba que le llamaran «ecologista» en el sentido de «soñador», pues pensaba todo lo contrario: creía firmemente en la necesidad de actuar a largo plazo, pensando en el porvenir del ser humano en el planeta. Esto es algo que se intenta hoy en día con acuerdos internacionales como el del clima, y aunque son muy difíciles de poner en práctica, también constituyen una razón para albergar esperanzas.

Con los asháninkas

Jéromine Pasteur tenía 30 años cuando se encontró en el Amazonas peruano con los últimos indios asháninkas que vivían en la selva sin contacto con el mundo moderno. Desde entonces no ha dejado de actuar para contribuir a protegerlos.

Los asháninkas viven en el corazón del bosque, al este de la cordillera de los Andes.

COORDENADAS

¿Quién? Jéromine Pasteur.
¿Cuándo? Desde 1984.
¿Dónde? Selva tropical del Amazonas.
¿Por qué? Para cohabitar con los indios y ayudarles a preservar su entorno.

El año del encuentro

Nacida al este de Francia, Jéromine Pasteur siempre soñó con «ver más allá». Cuando terminó sus estudios de Arte e Historia construyó sola, durante 4 años, un velero en su jardín. En 1981, atravesaría el Atlántico en solitario hasta llegar a Brasil, y en 1984, tras un periplo por los ríos del Amazonas, se adentró en el corazón de la cordillera de Vilcabamba, a lo largo del río Apurimac. Allí se encontró con los indios asháninkas, que vivían de manera tradicional. «Son animistas, imbuidos de un respeto absoluto hacia lo que les rodea y les da la vida: la naturaleza». ¡Jéromine se sentía como en casa!

DESDE SIEMPRE...

Los asháninkas son uno de los principales pueblos indígenas de América del Sur. Su población asciende a unos 45 000 miembros repartidos por más de 200 comunidades en la frontera entre Brasil y Perú. Llevan viviendo en estos territorios desde hace 12 000 años, cuando terminó el último periodo glaciar en los Andes.

Una segunda familia

Los asháninkas la acogieron en su comunidad, y Jéromine se quedó a vivir con ellos. Aprendió a hablar su lengua, se pintaba la cara y se vestía con la *kushma,* una amplia túnica de algodón. Comía mandioca, miel silvestre, orugas, tapires o simios. Fascinada, descubrió una sociedad en la que los seres humanos, los animales y el mundo vegetal vivían en consonancia, y en la que se sentía muy cómoda. «Me asustaba mucho la gente. Los indios me devolvieron la confianza en el ser humano, me enseñaron a vivir el día a día integrándome con la naturaleza».

LOS ASHÁNINKAS PINTABAN SU ROSTRO CON UN DISEÑO DISTINTO CADA DÍA PARA EXPRESAR SU HUMOR.

Días sombríos

En 1987 y 1990, Jéromine regresó a Francia para defender el proyecto de creación de un parque nacional en territorio asháninka. Redactó artículos, escribió un libro y hasta apareció en televisión. «Lo que me entristece —afirmó— es que cuanto más hablo de los asháninkas, más se interesa la gente en mí, pero a quien hay que apoyar y querer es a ellos». Por desgracia, en el Amazonas, unos guerrilleros aliados de los narcotraficantes que buscaban un territorio en el que esconderse atacaron a la tribu... ¡Masacraron a todos los que no lograron huir! El golpe fue terrible para Jéromine, y encima su presencia como mujer blanca representaba un peligro para los indios, por lo que no pudo reencontrarse con los supervivientes que huyeron hacia lo alto de la cordillera hasta 1993.

Una lucha incansable

Jéromine Pasteur dividió su vida entre el mar y la selva durante más de 30 años, decidida a apoyar a sus amigos indios y al planeta. También defendió las acciones que emprendieron los propios asháninkas. En 2003, Perú aprobó sus derechos sobre una zona declarada como reserva, y gracias a la labor de su portavoz, Ruth Buendia, lograron revocar la construcción de una presa en 2015, pero hay muchos más proyectos que siguen amenazando la selva virgen y mucha resistencia por delante para los indios, que desean que llegue el día en el que no tengan que luchar para sobrevivir. •

EL PIGMENTO ROJO SE OBTIENE MOLIENDO LOS GRANOS DEL ACHIOTE.

La balsa de las cumbres

Tras una misión en la Guayana, el botánico Francis Hallé contemplaba con binoculares la cima de los árboles. Tenía tantas ganas de investigar ese abundante universo que se le ocurre una descabellada idea: ¿y si lo abordara desde el aire?

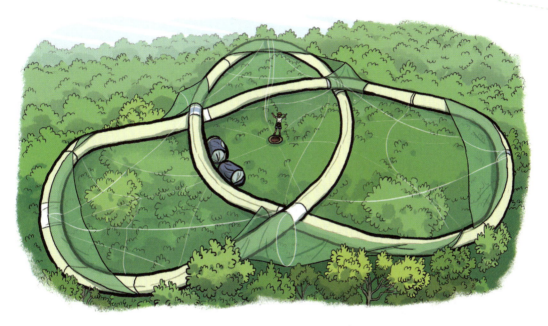

Un mundo desde las alturas

Los árboles de la selva tropical son altos, muy altos... Algunos alcanzan los 50 metros, la altura de un edificio de 15 plantas. En la cima, las ramas convergen y forman un inmenso tapiz verde, la canopia. Aquí habita una fauna y una flora muy particular, especialmente numerosas plantas epifitas, que usan los árboles como soporte para alimentarse de la humedad del aire y crecen sobre el mantillo acumulado en los huecos de las ramas. Pero para estudiar este mundo en las alturas hay que escalar con cuerdas o subir con una grúa gigante. ¡No resulta nada práctico! Francis Hallé pensó que podría utilizar un globo, pero no sabía muy bien cómo concretar la idea... hasta que se encontró con dos personas que resultaron determinantes para su proyecto.

Los investigadores se desplazan por la canopia sobre una red de malla muy apretada. Incluso pueden montar sus tiendas allí para pasar la noche.

COORDENADAS

¿Quién? Francis Hallé, Dany Cleyet-Marrel, Gilles Ebersolt.
¿Cuándo? Desde 1986.
¿Dónde? En los bosques tropicales.
¿Por qué? Para estudiar la canopia o dosel arbóreo de la selva tropical.

El equipo adecuado

El botánico conoció a Dany Cleyet-Marrel, un piloto y diseñador de aerostatos que creó un globo específico para explorar la canopia al reemplazar la canasta por una especie de bote neumático gigante, grande y flexible. Por otra parte, a un tercer hombre, el arquitecto Gilles Ebersolt, también se le ocurrió la idea y construyó en su tiempo libre una estructura de tubos hinchables unidos por una red que se posaría sobre la cima de los árboles con un helicóptero. Cuando los tres hombres se conocieron, no hubo más que hablar: decidieron crear juntos una estructura que se pudiera desplazar con un globo y albergar científicos en su interior, y... ¡así nació la *Balsa de las cumbres*!

EL DIRIGIBLE CONTENÍA AIRE CALIENTE DE UN VOLUMEN DE 8500 M³, EL MÁS GRANDE DEL MUNDO, CON EL OBJETIVO DE LEVANTAR LOS 750 KG DE LA BALSA.

Primeras misiones

En 1986, Dany, en su globo aerostático, posó por primera vez el aparato sobre la canopia guayanesa. Esto sirvió como prueba a gran escala y la expedición pudo corregir numerosos detalles. Las muestras científicas resultaron prometedoras... En 1989, de nuevo en la Guayana, una segunda misión permitió ampliar el radio y fabricar un dirigible de aire caliente mucho más manejable que el globo aerostático. Con él los científicos podían parar, retroceder o acceder a sitios difíciles sin mayores dificultades. En los años 90, la *Balsa de las cumbres* se transportó por primera vez a otro continente, a África, para explorar las selvas de Camerún y de Gabón.

UN ESCAPARATE DE BIODIVERSIDAD

La canopia tropical, que recibe y transforma mucha energía solar, reagrupa la biodiversidad más elevada del planeta. Gracias a la balsa se han podido descubrir centenas de nuevas especies animales y vegetales e identificar moléculas que podrían resultar de utilidad para la industria farmacéutica, médica, química, cosmética o alimentaria...

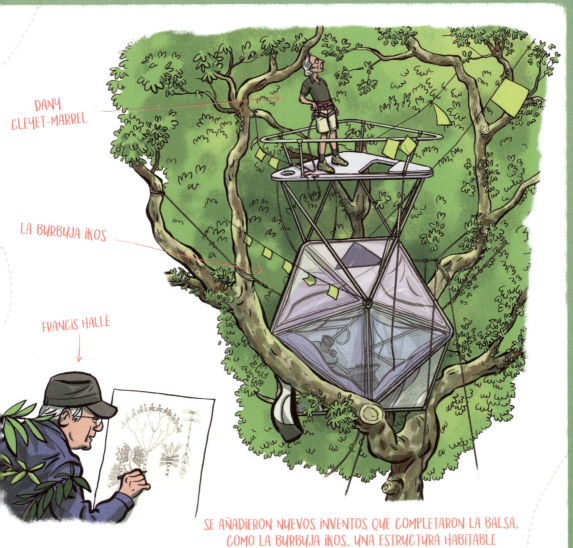

SE AÑADIERON NUEVOS INVENTOS QUE COMPLETARON LA BALSA, COMO LA BURBUJA IKOS, UNA ESTRUCTURA HABITABLE QUE SE INSTALABA EN LOS ÁRBOLES.

En Madagascar

En 2001 tuvo lugar una importante misión en Madagascar. El desarrollo de las operaciones se había perfeccionado: una vez que la balsa descendía a los árboles, el equipo técnico instalaba las cuerdas y otros materiales que les permitirían circular desde el «campamento base» instalado en el suelo. En el entorno de una selva tropical virgen, numerosos investigadores de más de 20 disciplinas distintas trabajaban sobre la balsa: botánicos, geólogos, biomecánicos, médicos... ¡En solo dos meses, la misión acumuló tantísimos miles de datos y extrajo tantas muestras, que harán falta años para analizarlas en un laboratorio!

Operación Canopia

Con el tiempo, el equipo de la *Balsa de las cumbres* desarrolló muchos otros equipos de observación que ahora se utilizan en una organización privada, llamada Operación Canopia, y que colabora con institutos y centros de investigación del mundo entero. Se han llevado a cabo más de diez operaciones distintas en cuatro continentes, como en Panamá (2004), Laos (2012) o Yunnan (2015). ¡Sin duda, cuanto más conozcamos la selva tropical, mejor la podremos proteger!

MONTAÑAS

Desde tiempos inmemoriales los seres humanos han contemplado de lejos las cumbres heladas o humeantes. El mundo de las alturas se reservaba a los dioses, resultaba demasiado peligroso para los simples mortales...

LAS ROCOSAS

–60 °C

Es la temperatura que se alcanza en la cima del Everest (8848 m) en invierno. El verano es un poco más «suave»: ¡-19 °C de media!

ATLAS

CORDILLERA DE LOS ANDES

LAS FUERZAS DE LA TIERRA

Para mover masas rocosas hacen falta unas fuerzas colosales, que se producen cuando las placas continentales chocan entre sí y se pliegan. Cuando pasan millones de años, se erige una cadena montañosa a base de movimientos de tierra. En el caso de los volcanes, la roca fundida que brota del subsuelo se solidifica al enfriarse y la montaña crece capa por capa, un proceso mucho más rápido.

Las montañas ocupan el 25 % de la tierra firme. La mayor parte se agrupan a lo largo de dos inmensas cadenas montañosas.

Y VOLCANES

ISLAS DE LAS ALTURAS

Cuanta más altura, más se transforma el paisaje. En Europa, con un clima templado, los bosques llegan hasta los 2500 m de altura. A partir de ahí tienen lugar las extensiones herbosas, y desde los 3000 m aparecen las nieves, un paisaje en el que domina la roca desnuda, las nevadas perpetuas y los glaciares... Se podría afirmar que cada montaña es como una isla en la que las condiciones de vida son muy diferentes a las de los valles que las rodean.

UNA CIENCIA RECIENTE

En la Antigüedad no se conocía la actividad de los volcanes: por eso, entre otras cosas, Pompeya quedó destruida por la erupción del Vesubio en el año 79. Posteriormente, se pensaba que los volcanes expulsaban los desechos de la tierra, ¡o incluso que eran el resultado de los rayos de sol que habían perforado el suelo! En el siglo XVIII, el inglés Hamilton fue el primero en investigar el Vesubio, pero habría que esperar hasta el siglo XX para comprender mejor el fenómeno volcánico, vinculado a la deriva de los continentes... •

TRUCOS PARA EXPLORADORES

- Asciende poco a poco para que tu cuerpo se acostumbre a la altura.
- El tiempo cambia muy rápido en lo alto de la montaña: no olvides llevar ropa de abrigo.
- Desconfía de las distancias, ¡aparecen más cortas de lo que son!
- Si percibes algún olor al caminar sobre un volcán, aléjate para evitar respirar sus vapores nocivos.

El lago de fuego de Nyiragongo

Durante una misión en África, Haroun Tazieff presenció por primera vez la erupción de un volcán. Movido por la curiosidad, decidió intentar lo que en aquella época parecía imposible: ¡descender por el cráter!

COORDENADAS

¿Quién? Haroun Tazieff, un amigo y 4 porteadores.
¿Cuándo? Agosto de 1948.
¿Dónde? África, República Democrática del Congo.
¿Por qué? Para descender por un cráter y estudiar un lago de lava.

La lava del lago permanecía en estado líquido y burbujeaba por las miles de toneladas de dióxido de azufre que emitía el volcán, un gas muy tóxico.

Las fuerzas de la naturaleza

A principios de 1948, Haroun Tazieff se aburría... Este joven ingeniero geólogo, nacido en el Imperio ruso pero nacionalizado belga, sirvió como soldado y también participó en la Resistencia francesa, pero por aquel entonces trabajaba en una empresa minera en el Congo. Él, que soñaba con explorar el mundo, se vio relegado a la monótona tarea de redactar cartas. Pero un día, no muy lejos de allí, al borde del lago Kivu, ¡un volcán entró en erupción! Tazieff acudió corriendo al lugar y contempló, fascinado, el nacimiento de un cono volcánico, el Kituro, sobre el costado del volcán Nyamlagura. Bajo sus pies, sintió la tierra moverse y palpitar: Haroun Tazieff acababa de encontrar la pasión de su vida.

«El calor me rozaba la cara como el aliento de un animal, y yo estaba aterrorizado. No era el geólogo que se interesaba por los fenómenos naturales el que estaba colgado sobre el lago, sino un hombre primitivo muerto de miedo».

Haroun Tazieff
Cratères en feu
(Cráteres ardientes).

Unos destellos extraños

Su primera victoria fue convencer a su jefe para que le dejara estudiar el Kituro, que vomitó gas y lava sin interrupción durante meses. Sin embargo, su verdadero interés residía en otro volcán próximo, el Nyiragongo. De noche, los vapores que emanaban de su cima se teñían de extraños destellos rojos... Tazieff, que solía practicar deporte, ya había escalado el volcán por placer, pero en aquella ocasión solo se encontró con un humo denso y cegador. Así pues, decidió regresar con un amigo y cuatro porteadores para bajar por el cráter. Pese a tratarse de una idea completamente insensata para la época, a principios de agosto partió la expedición.

HAROUN TAZIEFF SE HIZO UN GRAN YELMO RECUBIERTO DE ALUMINIO PARA PODER ACERCARSE A LA LAVA, QUE ALCANZABA LOS 1100 °C.

En el corazón del volcán

Atado a una cuerda y asfixiado por los agrios vapores de azufre, Tazieff avanzaba muy despacio. La visibilidad era prácticamente nula y los puntos de apoyo inestables y resbaladizos... Le hicieron falta más de 2 horas para conseguir descender unos 300 m bajo tierra, hasta un piso de lava solidificada que formaba un anillo alrededor del pozo central. Avanzó un poco más y se inclinó para mirar hacia abajo, estupefacto: «Vi un lago inmenso de lava en plena ebullición que se extendía hasta un tercio más alrededor del gran círculo que formaba el fondo del pozo». ¡No solo acababa de completar el primer descenso al interior de un volcán activo, sino que también había descubierto el primer lago permanente de lava!

Estudiar más de cerca

Por desgracia, al explorador le esperaba una mala noticia a su regreso. ¡Al haber escalado el volcán sin autorización, le prohibieron el acceso a todos los parques nacionales del país durante 10 años! Decidió renunciar y regresar a Europa para estudiar vulcanología, explorando los volcanes de Italia, entre otros, aunque el Nyiragongo nunca dejó de fascinarle. Haroun Tazieff regresó en 1953 de manera clandestina, y ya de manera oficial en 1958, cuando por fin pudo estudiar este volcán único junto a otros investigadores, tomar muestras y realizar análisis. Cabe destacar que fue el primero en descubrir que las fumarolas, las bocanadas de vapor que salían de la tierra, no solo contenían agua, sino también metales en estado gaseoso.

UNA AMENAZA PERMANENTE

El lago que descubrieron en 1948 se empezó a formar a partir de una erupción en 1927. Cincuenta años más tarde, el 10 de enero de 1977, se vació en apenas una hora y descendió en un río de lava que mató a 600 personas. Desde 2002 se está formando un nuevo lago en el cráter de la cima del volcán...

Investigador y aventurero

Haroun Tazieff se convirtió en un personaje muy célebre. En 1956, junto al cineasta Pierre Bichet, emprendió una vuelta al mundo visitando todos los volcanes activos. Su documental, *Les Rendez-vous du diable* («Los encuentros con el diablo»), cosechó un gran éxito, pero Tazieff no dejó de lado su carrera científica. En 1971 obtuvo la nacionalidad francesa, y desde entonces ejerce como profesor e investigador, se le considera un experto e incluso formó parte del gobierno durante 2 años, a cargo de la prevención de riesgos naturales y tecnológicos. Sin embargo, la política le decepcionó muy pronto... ¡no como los volcanes! •

EL PUEBLO DE GOMA ESTÁ CONSTRUIDO SOBRE LAS FÉRTILES PLANICIES QUE SE EXTIENDEN A LOS PIES DEL NYIRAGONGO. DOS MILLONES DE PERSONAS VIVEN AMENAZADAS POR ESTE VOLCÁN ACTIVO.

En la cima del Annapurna

En 1950, se habían escalado las pendientes del Everest hasta los 8500 m, pero nadie había logrado alcanzar ninguna de las 14 cimas de más de 8000 m hasta la fecha. Francia organizó una misión con un objetivo: ¡alcanzar una de ellas!

El primer ascenso de 8000 m tuvo lugar en el Annapurna. El último aconteció en 1964, pero ningún otro ha podido llegar tan lejos como aquella vez.

COORDENADAS

¿Quién? Maurice Herzog, Louis Lachenal y 7 guías y compañeros.
¿Cuándo? Del 29 de marzo al 12 de julio de 1950.
¿Dónde? En el macizo del Himalaya (Nepal).
¿Por qué? Para subir por primera vez a una cima de más de 8000 m de altura.

Por el honor de Francia

Tras el fin de la Segunda Guerra Mundial, Francia necesitaba soñar. Con este objetivo en mente, Lucien Devies, el presidente de la Federación francesa de la montaña, concibió esta aventura. Reclutó a Lachenal, Rébuffat y a Terray, los mejores guías de alta montaña, y también a los técnicos Couzy y Schatz, al cineasta Ichac, a un médico y a un diplomático: de Noyelle. En cuanto a Herzog, el jefe de la expedición, era un líder muy renombrado por sus logros en la Resistencia francesa, pero aquí el objetivo era pacífico: colocar la bandera tricolor en la cima del Dhaulagiri (8167 m) o del Annapurna (8091 m). ¿Qué tenían en común estas dos cimas? ¡Pues que el equipo ignoraba por completo las vías de acceso tanto a la ida como a la vuelta!

Hasta el límite de sus fuerzas

Ichac, Oudot y de Noyelle se quedaron en el campamento II, instalado a 5900 m de altura. El último, el campamento V, lo instalaron Lachenal, Herzog y los *sherpas* Sarki y Ang-Tharkey, que volvieron a bajar enseguida, a 7400 m. Desde aquí, al amanecer del 3 de junio, los dos alpinistas se adentraron en la pendiente helada que coronaba la cima a 600 m más arriba. Cada movimiento exigía un esfuerzo considerable por el grosor de la nieve y sobre todo por la falta de oxígeno, que resultaba asfixiante. Además, el frío amenazaba con congelarlos. Lachenal intentó convencer a Herzog de que renunciara, pero como se negó, se vio obligado a continuar también. «Pensaba que si le dejaba ir solo, no volvería jamás», confesó posteriormente.

ÚLTIMA NOCHE EN EL CAMPAMENTO BASE, ANTES DEL TRAMO FINAL

Objetivo Annapurna

El 29 de marzo de 1950, los 9 alpinistas se encaminaron hacia el Himalaya. El 7 de abril hicieron una travesía de aproximación de unos 15 días, con 6 toneladas de material y de víveres, para llegar hasta el pueblo de Tukucha, situado entre las dos cimas. Dos grupos hicieron un viaje de reconocimiento, pero ninguno logró discernir con exactitud una vía de acceso y el monzón se acercaba, así que el 14 de mayo tuvieron que decidirse: ¡irían al Annapurna! El ascenso comenzó de inmediato, con hombres enfilados en cordadas que se relevaban para continuar el trayecto. A pesar de los vientos terribles y del frío glacial, lograron fijar las cuerdas, instalar campamentos y transportar cientos de kilos con la ayuda de los *sherpas* nepaleses.

En aquella época, colocar una bandera en la cima aún se consideraba un símbolo de conquista. ¡Hoy en día, hay ocasiones en las que los alpinistas tienen que hacer cola en la cima del Everest (8848 m)!

De la cima a la pesadilla

«Hay que sortear varios bloques rocosos. Ascendemos como podemos. ¿Será posible lo que ven nuestros ojos? ¡Sí! Nos azota un viento brutal, pero ¡hemos llegado al Annapurna!». En efecto, culminaron su hazaña, pero la aventura distaba mucho de haber terminado... Mientras se hacían unas fotos, la tempestad empeoró. Terray y Rébuffat vieron llegar a los extenuados vencedores desde el campamento V. Los cuatro pasaron dos noches atroces, vagando por las nieves hasta que la tempestad les dio un respiro y Schatz y varios *sherpas* pudieron acudir en su ayuda, aunque no lograron impedir la tragedia: durante el largo descenso hacia Katmandú, Oudot le tuvo que amputar los dedos de los pies a Lachenal y a Herzog, y él mismo perdió los suyos...

PARA LLEGAR HASTA LA CIMA TUVIERON QUE CAMINAR DURANTE HORAS SIGUIENDO LA CRESTA.

El momento de los héroes

Los franceses siguieron muy de cerca la conquista del Annapurna por radio y en los periódicos, y se sintieron conmovidos por el drama de los dos héroes. Aunque hoy en día se recuerda sobre todo el nombre de Maurice Herzog, la hazaña no habría sido posible sin el sacrificio de Lachenal, la fuerza de Terray y Rébuffat y el apoyo de los demás, incluidos los *sherpas*. «¡El ascenso a la cima no se trataba de un asunto de prestigio nacional, sino de cuerdas!», escribió Louis Lachenal, que no se sentía ningún héroe.

«Tengo los dedos duros como la madera, violáceos o directamente blancos. Mis compañeros los miran desesperados, se dan cuenta de la gravedad del asunto».

Maurice Herzog

LA ESCASEZ DE OXÍGENO

Cuanto más aumenta la altitud, menos moléculas de oxígeno contiene el aire, lo que dificulta mucho la respiración. A partir de los 8000 m, la mayor parte de los alpinistas llevan bombonas de oxígeno puro, pero Reinhold Messner demostró que el cuerpo se podía adaptar sin ayuda si ascendía poco a poco. ¡En 1978, fue el primer alpinista en alcanzar la cima del Everest sin bombona de oxígeno!

MAURICE HERZOG CON LAS MANOS CONGELADAS.

El hijo del Krakatoa

Maurice y Katia Krafft, vulcanólogos independientes, se propusieron observar todas las erupciones destacadas del mundo. Cuando supieron que el volcán indonesio acababa de despertar, hicieron las maletas a toda prisa...

COORDENADAS

¿Quién? Maurice y Katia Krafft.
¿Cuándo? Del 2 al 16 de septiembre de 1979.
¿Dónde? Estrecho de la Sonda, entre Java y Sumatra.
¿Por qué? Para estudiar la actividad volcánica en la isla Anak Krakatau.

A Maurice y a Katia Krafft los llamaban «los vulcanólogos más rápidos del mundo», porque siempre eran los primeros en llegar a las erupciones.

Los volcanes como pasión

Maurice y Katia se conocieron en la universidad de Besançon en 1966. A los dos les apasionaba el estudio de los volcanes, y no tardaron en comprender que para llegar a cabo sus investigaciones y vivir la vida que ambos soñaban no podían depender de nadie. Fundaron un centro de estudios independiente y daban conferencias, escribían libros o rodaban películas para financiar sus proyectos. Obtuvieron mucho éxito y los viajes se multiplicaron. Así, desde 1970, visitaron dos veces Indonesia, un archipiélago con una fuerte actividad volcánica, por lo que ya conocían Anak Krakatau, un emplazamiento en evolución continua. Su primera visita les decepcionó un poco, pero ¡cómo cambiarían las cosas en la segunda!

La isla que retumbaba

Sobre una playa de arena negra, la pareja desembarcó y se puso manos a la obra de inmediato. En cuanto Katia y Maurice instalaron su campamento junto a una pequeña colina, una explosión hizo temblar el suelo y unas espesas volutas de cenizas y de gas se elevaron en el cielo con rapidez. Del cráter volcánico emergieron bombas volcánicas con su correspondiente estela de vapor, y poco después unas cenizas calientes y ardientes comenzaron a caer del cielo con un sonido muy particular, como un leve tintineo. Los dos vulcanólogos comprendieron que había que vigilar el cielo de manera continua. Solos en aquella pequeña isla, midieron las fuerzas colosales de la tierra lejos de la vanidad de los triviales asuntos humanos...

Unos días agotadores

Con la ceniza cubriendo la luz del sol, Katia y Maurice se percataron con gran asombro de unas marcas en forma de ondulaciones, cuyo origen no les tranquilizó en absoluto: ¡se trataba del rastro de unas pequeñas serpientes muy venenosas! Así que, mientras uno vigilaba el cielo, el otro vigilaba la tierra. Todo esto, por supuesto, sin dejar de realizar el trabajo para el que habían ido hasta allí: posicionar los instrumentos, tomar medidas, muestras y notas... Tras unos días de tensión permanente, les alivió mucho ver llegar el barco. ¡Por fin una noche de sueño reparador y una comida que no sabría a ceniza! Sin embargo, al día siguiente decidieron volver a la isla para terminar sus investigaciones. ¡En realidad allí era donde se sentían a gusto!

LA ACTIVIDAD VOLCÁNICA ERA TAN INTENSA QUE EL RUIDO DE LAS DEFLAGRACIONES SE SUPERPONÍA AL SONIDO DEL MAR.

LOS KRAFFT DEJARON UNA DOCUMENTACIÓN QUE TODAVÍA HOY RESULTA ÚTIL, CON 300 000 FOTOGRAFÍAS Y MÁS DE 300 HORAS DE GRABACIÓN.

EL NACIMIENTO DE UNA ISLA

El 27 de agosto de 1883, la erupción del Krakatoa se escuchó a más de 5000 km, el humo se elevó 30 km sobre el cielo y el tsunami que provocó la onda de choque devastó las costas de Java y Sumatra. Tras este cataclismo, la actividad cesó durante 44 años hasta que volvió a entrar en erupción y originó la formación de un nuevo cono que emergió de las aguas en enero de 1928. Recibió el nombre de Anak Krakatau, «el hijo del Krakatoa».

Un brusco final

En 25 años de actividad profesional, Maurice y Katia Krafft llegaron a presenciar 175 erupciones volcánicas por todo el mundo, pero no se conformaban con observarlas, sino que también alertaban a las poblaciones locales. En Filipinas, durante la erupción del Pinatubo en junio de 1991, miles de personas se salvaron gracias a su enérgica insistencia ante las autoridades para que evacuaran a la población. Por desgracia, nunca llegarían a ver el éxito de la operación, porque cuando acudieron a Japón para estudiar una cúpula de lava que apareció sobre el monte Unzen, una nube ardiente totalmente inesperada cayó sobre ellos y perdieron la vida con 45 y 49 años.

RÍO DE LAVA EN MAUNA LOA (HAWÁI).

Última cordillera

En el corazón de los cincuenta aulladores y soportando las inclemencias del tiempo, la cordillera Darwin forma la extremidad sur de los Andes. A pesar del nacimiento de esta expedición, la mayor parte de las montañas permanecen desconocidas a día de hoy...

Entre el cielo y el mar

En 2002, Karine Meuzard y Christian Clot rodearon el cabo de Hornos y la Tierra del Fuego con su velero. Se aproximaron a la cordillera Darwin, una cadena montañosa surgida del mar, punto de encuentro entre el océano Atlántico y el Pacífico, y el espectáculo que se abrió ante ellos era grandioso: ¡los glaciares se hundían entre las olas y las paredes se elevaban más de 2000 m con un solo movimiento! Aquí los vientos helados de la Antártida soplaban y formaban auténticas tempestades. Los pocos alpinistas que han alcanzado estas cumbres solo han llegado hasta los sectores este y oeste, los más accesibles. Hechizados por el lugar, Christian y Karine se propusieron regresar para explorar la parte central de la cordillera.

COORDENADAS

¿Quién? Christian Clot, Karine Meuzard y otros compañeros.
¿Cuándo? Marzo de 2006. Posteriormente de noviembre a diciembre de 2006.
¿Dónde? Tierra del Fuego, Chile.
¿Por qué? Descubrir el centro inexplorado de la zona y llevar a cabo estudios científicos.

La cordillera Darwin mide 60 km de ancho por 170 km de largo, y la mayor parte está cubierta por glaciares.

Un clima imposible

Raphaël Escoffier intentó abordar la zona por primera vez en 2004, pero ¿cómo adentrarse en la montaña? No existía ningún mapa y las imágenes por satélite salían borrosas por las nubes. Un pescador local acepta dejarlos en un fiordo, pero las cosas no van según lo previsto: las terribles condiciones meteorológicas los retrasan y, después, una cascada de hielo infranqueable les obliga a desistir. En marzo de 2006, Karine y Christian lo vuelven a intentar, esta vez acompañados por un grupo de científicos, pero se encuentran con un clima aún peor que no les permite ninguna oportunidad de acceso al centro de la cordillera. Su único consuelo es que los estudios sobre el clima y los glaciales dan sus frutos, ¡y por si fuera poco el equipo descubre la existencia de un increíble «insecto del hielo»!

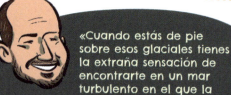

«Cuando estás de pie sobre esos glaciales tienes la extraña sensación de encontrarte en un mar turbulento en el que la fuerza de los elementos transcurre a cámara lenta: grietas que se abren y se cierran en una noche, vientos que te levantan del suelo, caídas de seracs en todo momento... Tan terrorífico e impresionante como fascinante».

Christian Clot

CASI SIEMPRE CUBIERTA POR NUBES BAJAS, LA CORDILLERA PARECE FLOTAR ENTRE EL CIELO Y EL MAR.

En solitario

Seis meses después, Karine no pudo continuar la aventura y Christian decidió intentarlo por última vez solo. Se embarcó con más de 100 kg de material, aunque esta vez escogió escalar por otra vertiente. Para ello, había que atravesar un bosque inicial que rodeaba las montañas hasta los 600 m de altitud, y luego encontrar un camino sobre los enormes glaciales entrecortados por crestas y cumbres. No se podía planificar nada de antemano, pero al explorador no le disgustaba la situación: «Solo la observación visual sobre el terreno ofrecía una idea realista de las posibilidades de avanzar. Se me abría una oportunidad ante lo desconocido. ¡En estos días que corren es muy raro poder abrirnos nuestro propio camino!».

INSECTO DEL HIELO.

ESTE INSECTO, DE 1 A 2 CM DE LONGITUD, PERTENECE A LA FAMILIA DE LOS PLECÓPTEROS Y DEMUESTRA QUE LA VIDA SE ADAPTA A CUALQUIER MEDIO.

CUANDO CHRISTIAN AVANZABA EN SOLITARIO, SABÍA QUE NADIE LE PODRÍA ASISTIR EN CASO DE NECESIDAD.

Persiguiendo un sueño

El avance resultaba extenuante. Christian Clot tenía que caminar cuatro o cinco veces la distancia habitual antes de encontrar un camino practicable, y después hacer tres caminos de ida y vuelta para transportar el material entre campos repletos de grietas y pendientes propensas a avalanchas, afrontando vientos de hasta 200 km/h, o experimentando temperaturas de -45 °C. Pero nada minaba su determinación: estaba decidido a continuar bajo cualquier circunstancia, aunque recorriera un solo kilómetro. Así, a finales de diciembre de 2006, llegó por fin hasta el centro de la cordillera Darwin. «He experimentado momentos de angustia extrema y la sensación de la alegría más intensa e inefable. Allí, en la cresta de un universo en el que los hombres aún no han dejado su huella, comprendí el verdadero sentido de la vida».

MAOLA Y TRAPALANDA

Al escalar dos cimas desconocidas, Christian Clot las bautizó, como es costumbre entre los exploradores. Escogió los nombres de *Maola*, «el día» en la lengua de los yamana, los indios que habitan los canales de las Tierras del Fuego, y *Trapalanda*, el nombre de una ciudad imaginaria de la Patagonia.

CUEVAS SUB

En los macizos calcáreos, el agua se filtra y atraviesa poco a poco la roca blanda. ¡El interior de una montaña se encuentra lleno de agujeros, como un queso gruyere, y las cavidades adoptan unas formas fantásticas!

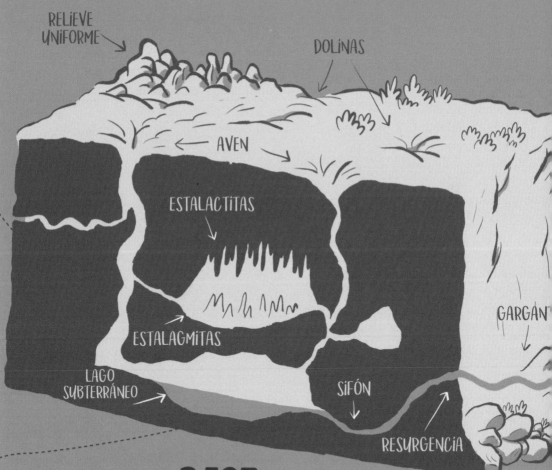

2 197 M BAJO TIERRA

Es el récord de profundidad que alcanzó la sima de Krubera-Voronya, en el Cáucaso occidental. Se descubrió en 1960, y desde entonces las expediciones se han aventurado más y más abajo.

TERRÁNEAS

EL KARST

Este término proviene de Europa del Este y designa un entorno modelado en roca calcárea. Los paisajes kársticos se reconocen con facilidad: la roca es de color claro, irregular y llena de agujeros, y a veces forman columnas o arcos que parecen ruinas arqueológicas. Por aquí no fluyen ríos porque el agua desaparece bajo el suelo, se cuela por las fisuras. Gracias a la fuerza del cauce y a una reacción química que la vuelve ácida, disuelve y corroe la piedra calcárea...

EL RECORRIDO DEL AGUA

En el interior de la montaña, el agua atraviesa galerías que aumentan con el paso de los milenios. Se trata del reino de las simas, las grutas o las cuevas. Las más recientes están cubiertas total o parcialmente de agua, pero en las más antiguas el agua se ha colado hasta el fondo de unas grandes salas, normalmente plagadas de estalactitas (las que caen del techo) o estalagmitas (las que suben del suelo).

LUGARES REPLETOS DE HISTORIA

Después de unos 400 000 años, y gracias al descubrimiento del fuego, los hombres primitivos se aventuraron en las cavernas. Más tarde las utilizarían como emplazamientos ceremoniales, y algunas de las paredes aún conservan esas huellas. Hay pinturas, como las de la gruta Chauvet, en Francia, que tienen una antigüedad de 30 000 años. Más tarde, esas cavidades ocultas hicieron las veces de refugios para las poblaciones en tiempos de guerra, o de escondrijos para los ladrones... •

> **TRUCOS PARA EXPLORADORES**
>
> - Si entras en una gruta, consulta la hora con frecuencia para no perder la noción del tiempo.
> - Más que una lámpara eléctrica, mejor utiliza una lámpara de combustión: si se apaga, sal rápido, denota ausencia de oxígeno.
> - Desciende siempre en grupo y advierte al resto de la expedición.

Aislado del tiempo

El hombre ya había viajado al espacio, pero aún se desconocía cómo reaccionaría el cuerpo humano si no contara con puntos referencia temporal. Para averiguarlo, un joven geólogo de Niza decide vivir dos meses aislado bajo tierra.

Esta hazaña de 1962 ha sido la única experiencia auténtica de aislamiento temporal hasta la fecha por su alto riesgo.

COORDENADAS

¿Quién? Michel Siffre.
¿Cuándo? Del 16 de julio al 14 de septiembre de 1962.
¿Dónde? Gruta de Scarasson, Alpes Marítimos.
¿Por qué? Para estudiar los ritmos biológicos humanos.

Una idea descabellada

En 1962, Michel Siffre, un geólogo y espeleólogo de 23 años, se siente muy interesado por la supervivencia en condiciones extremas. En aquella época se pensaba en estancias largas en el espacio de cara al futuro o se construían refugios subterráneos en caso de guerra atómica. ¿Cómo podría contribuir él al desarrollo de la ciencia? Entonces recuerda haber explorado la gruta de Scarasson, en los Alpes del Sur, que alberga un glaciar. La temperatura allí es de -0,5 °C, y el nivel de humedad del 98 %. A Michel se le ocurre una idea descabellada: pasar allí dos meses, solo y sin ningún punto de referencia temporal, para estudiar la «cronobiología», sus ciclos de vigilia y de sueño.

Aislado del mundo

Nunca antes se había llevado a cabo una experiencia de este género, y los científicos se negaban a ponerla en práctica. ¡Qué se le iba a hacer! Michel se las apañaría solo incluso a riesgo de endeudarse. Estableció un protocolo muy riguroso con la ayuda de sus amigos del club de espeleología y de vigilantes de seguridad que se apostarían en la entrada de la cueva, situada a 2000 m de altitud, y se relevarían día y noche. Él, a 130 m bajo tierra, se comunicaría con ellos por vía telefónica. Los llamaría cada vez que se acostara, se despertara, comiera o hiciera cualquier otra acción, pero ¡con la condición de que ellos no le hablasen salvo para anunciarle que los dos meses habían transcurrido!

La vida a cámara lenta

El 16 de julio, Michel Siffre se instaló en el fondo de la gruta con un equipo muy rudimentario y en condiciones espantosas: ¡con el frío glacial, la humedad se condensaba en la tienda y lo impregnaba todo! Enseguida adoptó una lenta rutina. Pasaba la mayor parte de los periodos de vigilia tumbado, leyendo o tomando notas. Su único placer consistía en quedarse dormido, despertarse le deprimía. «Dudaba durante mucho tiempo, con los ojos completamente abiertos en la oscuridad total, preguntándome si dormía o no. Entonces, resignado, presionaba el botón que rompía la continuidad de la noche y encendía la lámpara. Sacaba medio cuerpo del saco de dormir y giraba la manivela del teléfono...».

ENTRADA A LA GRUTA.

«La noche subterránea no es como la noche cósmica, la oscuridad es absolutamente opaca. En un lugar en el que impera el vacío, solo subsiste mi capacidad de raciocinio. ¿Se apagaría también en esta oscuridad sin fin?».

Michel Siffre

El tiempo es elástico

El equipo de vigilancia tomaba nota de las llamadas con un minuto de diferencia, pero Michel Siffre no les contaba nada sobre sus momentos más difíciles: los terribles dolores de barriga que sufría, el descenso de su temperatura corporal hasta 36 °C, un deslizamiento de hielo, la memoria que le traicionaba... El 14 de septiembre, cuando le comunicaron que se había terminado la experiencia, le costó asimilarlo. ¡Pensaba que estaban aún a 20 de agosto! Increíble: su percepción del tiempo transcurría dos veces más lenta que la realidad. Otro dato fascinante es que, pese a todo, su cuerpo respetó los ciclos biológicos de 24 horas y media... pero el hombre estaba agotado: durante el ascenso se desmayó dos veces y un helicóptero tuvo que trasladarlo de urgencia al hospital.

75

CUANDO LO SACARON DE LA GRUTA, A MICHEL SIFFRE LE FALLABAN LOS MÚSCULOS, NO PODÍA ANDAR Y TENÍA QUE LLEVAR PUESTAS UNAS GAFAS OPACAS PARA NO DAÑARSE LA VISTA.

EL RELOJ INTERNO

Desde entonces sabemos que el cuerpo sigue de forma natural un ciclo regular de entre 23 horas y 30 minutos y 24 horas y 30 minutos, según la persona. Si se permanece despierto más tiempo, se duerme menos, y viceversa, pero la duración del ciclo no se altera. Para evitar desfasarse, el cuerpo se ajusta a la luz, la actividad y la temperatura exterior: ¡así, podemos vivir siempre días de 24 horas!

La aventura continúa

Cuando lo sacaron de la cueva, Michel Siffre fue tratado como a un héroe. El público se volcó con su experiencia de supervivencia y los científicos hicieron grandes avances en cronobiología. Posteriormente, el francés continuó sus estudios con otros sujetos o sobre sí mismo. En 1972, pasó 6 meses metido en una cueva de Texas. En 1999, con 65 años, se aventuró a otra experiencia de 2 meses para estudiar los efectos del envejecimiento sobre los ritmos biológicos. En este caso solo se equivocó 4 días, por lo que se preguntó con cierta sorna: ¿envejeceríamos igual si no nos percatáramos del tiempo? •

La sala Sarawak

¿Se forman todas las cavidades del mundo siguiendo los mismos patrones? Para descubrirlo, el geólogo Éric Gilli organizó una expedición a Borneo para fotografiar la sala subterránea más grande del mundo.

Éric Gilli quiso que también se viera a una persona en la imagen. ¡De lo contrario ni siquiera un ojo experto sería capaz de captar el colosal tamaño de la cueva!

Confirmar una hipótesis

En 1980, en la isla de Borneo (en la región de Sarawak), unos espeleólogos ingleses descubrieron una sala subterránea de un tamaño excepcional: unos 600 m de largo, 415 m de ancho y 80 m de altura. Pero en 1993 aún no se conocía bien su estructura geológica. ¿Cómo se había formado? En su tesis, Éric Gilli demostró que las grandes cavidades de Francia obedecen las mismas leyes naturales. ¿Pasaría lo mismo en el resto del mundo? Para saberlo era necesario realizar una estereofotografía, una captura en relieve. Pero ¿cómo iluminar una sala tan grande en la que ninguna lámpara podía disipar las tinieblas?

COORDENADAS

¿Quién? Éric Gilli, Pierre Delange, Thomas Gaschat y Rémy Schejbal.
¿Cuándo? Marzo de 1993.
¿Dónde? Gruta de Sarawak (Borneo, Malasia).
¿Por qué? Para estudiar la gruta Sarawak y tomar una fotografía.

La jungla de Borneo

La mejor solución se consiguió tras varios intentos. Hacía falta crear un destello de luz potente, y para ello había que disponer polvo luminoso en varios lugares. Tras meses de preparación, Éric y su equipo se dirigieron por fin hacia Borneo. Para acceder a la gruta tuvieron que atravesar una jungla espesa con terrenos resbaladizos. «Caminábamos por el lodo, las sanguijuelas y las lianas se interponían en nuestro camino y se enganchaban sin cesar en nuestras mochilas de 30 kg». Por fin vislumbraron la entrada a la gruta, una simple fisura en la roca custodiada por un profundo lago.

GENERACIÓN 3D

En 2013, 20 años después de la fotografía que tomó Éric Gilli, el inglés Kevin Dixon utilizó una nueva tecnología: con un láser capaz de registrar la posición relativa de millones de puntos, tomó una fotografía en tres dimensiones de la sala Sarawak. El resultado de los cálculos fue impresionante: ¡el volumen era de 9,5 millones de metros cúbicos, podía contener un monumento como la torre Eiffel!

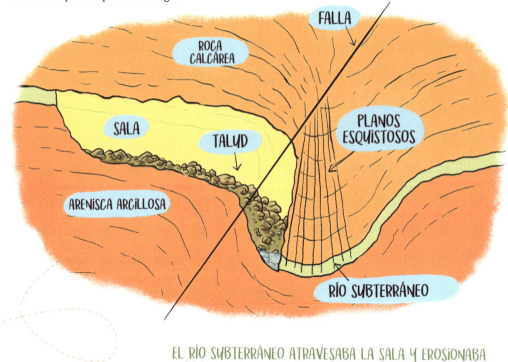

EL RÍO SUBTERRÁNEO ATRAVESABA LA SALA Y EROSIONABA MUY DESPACIO EL LECHO DE ARENISCA ARCILLOSA QUE YACÍA BAJO LA ROCA CALCÁREA.

Un lugar habitado

El material se transportó por un río subterráneo, en una balsa hinchable. El calor y la humedad eran sofocantes. La corriente se aceleraba, por lo que aparecieron rápidos y los espeleólogos tuvieron que continuar a pie por el lecho del río. «Caminábamos sobre una capa de cucarachas. Cientos de golondrinas y de murciélagos habitaban la gruta, y los sonidos que emitían eran ensordecedores. Sobre la pared o en el suelo se veían unas arañas tan grandes como mi mano que parecían llevar envejeciendo una eternidad».

En la gran sala

De repente, las tinieblas engulleron el muro izquierdo de la gruta: los hombres habían entrado en la sala principal. Una vez instalado el campamento, salieron en busca de un buen ángulo para la fotografía. Para encontrar el punto más alto tuvieron que escalar bloques de piedras gigantes como un autobús. «A pesar de que la iluminación era bastante pobre, la sala Sarawak se nos mostró poco a poco. En realidad no era muy bonita: se trataba de un talud enorme con una bóveda bajísima». El lugar era bastante complicado de fotografiar, pero el equipo logró encontrar un promontorio desde el que pudieron abarcar tres cuartos de ella.

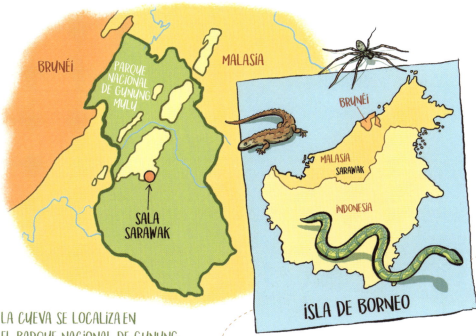

LA CUEVA SE LOCALIZA EN EL PARQUE NACIONAL DE GUNUNG MULU, UN SANTUARIO REPUTADO POR SU EXCEPCIONAL FAUNA Y FLORA TROPICAL.

«No estábamos cómodos, era todo muy grande y resultaba perturbador. Navegábamos en una especie de océano de minerales donde no tardamos en perder los puntos de referencia».
Éric Gilli

Destellos subterráneos

Por fin llegó el momento: Éric Gilli instaló 5 cámaras de fotos sincronizadas. En 1993 aún no se utilizaba la fotografía digital, por lo que una de las cámaras llevaba una película en blanco y negro, fácil de revelar allí mismo a modo de prueba. Colocados en tres sitios distintos, Pierre, Thomas y Rémy alumbraron al mismo tiempo el polvo luminoso y, tras varios intentos, una de las fotografías pareció ser satisfactoria. La prueba en blanco y negro lo confirmó: ¡perfecta! Durante las semanas posteriores a su regreso, la imagen permitió analizar con exactitud la estructura de la sala Sarawak, que coincidía con la de otras cuevas que se estudiaron en Francia, ¡por lo que realmente existe una similitud intrínseca en todas las cuevas del mundo!

Las grutas decoradas de Borneo

En 1988, Luc–Henri Fage descubrió una cueva decorada con dibujos hechos a carbón en el corazón de Borneo. Este punto de partida le llevó a descubrir un arte rupestre original de al menos 10 000 años de antigüedad.

COORDENADAS

¿Quién? Luc-Henri Fage y otros investigadores.
¿Cuándo? Desde 1992.
¿Dónde? Isla de Borneo, Indonesia.
¿Por qué? Para llevar a cabo estudios arqueológicos.

Las montañas Gunung Marang, en el corazón de la región de Kalimantan, están plagadas de cuevas y de grutas muy poco accesibles.

¡Hay tanto por descubrir!

Por casualidad, durante una travesía a pie por la isla de Borneo, el espeleólogo Luc-Henri Fage se percató de ciertos dibujos en el techo de una gruta. Al regresar a Francia constató con gran sorpresa que nadie había oído hablar jamás de pinturas rupestres ni había llevado a cabo ninguna excavación arqueológica en aquel lugar del mundo. Se reunió entonces con el arqueólogo Jean-Michel Chazine, que le acompañó a la gruta en 1992, donde descubrieron arcillas de sílex y fragmentos de cerámica. La datación por carbono 14 arrojó resultados impactantes: tenían 3000 años de antigüedad, una época en la que ni siquiera se pensaba que Borneo estuviera habitado. ¡Se abría así un inmenso campo de exploración ante los investigadores!

Unas manos conmovedoras

En 1994, Fage y Chazine organizaron la primera de una larga serie de expediciones por los macizos calcáreos del este de Borneo, que presentaban formas muy elaboradas. El descubrimiento les sorprendió aún más: en la primera gruta encontraron huellas en «negativo» de unas manos realizadas mediante plantilla, una técnica prehistórica universal que se ha encontrado en todos los continentes y que consistía en que el artista apoyara la mano contra la pared y pulverizara con la boca un jugo espeso con pigmentos de color ocre. Pero ¡no era más que el comienzo! A lo largo de 10 años descubrieron más de 30 grutas con pinturas junto al investigador indonesio Pindi Setiawan. Algunas se consideran auténticas «Lascaux», como las de Ilas Kenceng o Gua Tewet, con 90 manos que entremezclaban formas humanas y animales.

¿RITOS SECRETOS?

Se sabe que estas cuevas decoradas, de tan difícil acceso, no se utilizaron para vivir, sino para llevar a cabo ritos de iniciación de los chamanes, unos hechiceros curanderos. ¡Todas esas huellas de manos que decoran parte de los muros podrían corresponder a una sucesión de chamanes, desplegadas a lo largo de los siglos o incluso de miles de años!

VISTA EN CORTE DE LA GRUTA DE GUA TEWET.

ACANTILADO.

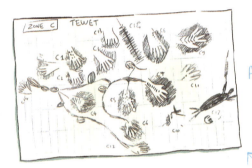

EL «ÁRBOL DE LA VIDA» DE GUA TEWET.

Un salto en el tiempo

En la gruta de Ilas Kenceng, los investigadores observaron que una de las huellas de las manos estaba recubierta por una capa de calcita. Extrajeron un fragmento de dicho mineral y se lo llevaron a París para analizarlo en profundidad. El veredicto: ¡la calcita se formó hace más de 10 000 años, por lo que la mano de debajo era mucho más antigua! Jean-Michel Chazine encontró también unas sepulturas junto a los precipicios que databan de 12 000 años de antigüedad o incluso 14 000. Este nuevo salto hacia el pasado obligó a reconsiderar la historia de los asentamientos en esta parte del mundo. En cuanto a las pinturas, son las más antiguas que se conocen después de las de Europa y Australia.

«Con un equipo de seis guías y portadores locales, nos dirigimos hacia los precipicios que ellos exploran regularmente por una razón muy distinta a la nuestra: ¡recoger los nidos de golondrinas salanganas que los chinos compran a precio de oro!».

Luc-Henri Fage

DETALLE DEL «RAMO DE MANOS» DE ILAS KENCENG.

En Ilas Kenceng aparecieron 6 manos dispuestas en forma de ramo. Por separado las huellas están bastante difuminadas, pero en conjunto poseen una viveza increíble, ¡como si las acabaran de dibujar!

También en el oeste

En 2006, esta vez acompañado por Toing, un amigo indonesio espeleólogo, Luc-Henri exploró la parte oeste de Kalimantan y de nuevo fue todo un éxito, sobre todo gracias a la cueva de Gua Harto, la 33ª que descubrieron, que presentaba unos frescos de un estilo muy peculiar. Observaron un bestiario de criaturas fantásticas basadas en animales conocidos por su importancia simbólica o mitológica, encuadrados en manos decoradas por puntos y otros motivos... Y por supuesto, la historia aún continúa: en 2014 catalogaron 38 cuevas más, y no dejan de aparecer nuevos estudios para profundizar más en la prehistoria de Borneo.

EN GUA HARTO, DESCUBIERTA EN 2006, SE ENCONTRÓ UN GRAN PANEL CON MISTERIOSAS CRIATURAS DIBUJADAS.

MAMÍFERO CON CUERNOS EN FORMA DE PIERNAS HUMANAS A LA INVERSA.

LAGARTIJA GEOMÉTRICA DE CASI UN METRO DE LONGITUD.

Las islas de los glaciares de mármol

En los confines de la Patagonia chilena, existen unas islas que se componen en gran medida de rocas calcáreas. Los espeleólogos más atrevidos quisieron explorar sus grutas para obtener más información sobre el pasado de nuestro mundo.

El mármol es una roca «metamórfica»: la calcárea de origen se ha visto modificada durante millones de años bajo el efecto de la presión y de las temperaturas internas de la tierra.

Curiosidad científica

En el siglo XVI, una carabela española abordó una isla desconocida llena de profundos valles. La bautizaron como el navío *Madre de Dios*. Durante los cuatro siglos posteriores nadie se atrevió a explorar esta tierra castigada por los vientos glaciales y las lluvias incesantes, pero a partir de los años 90, la asociación francesa Centre Terre, creada por Richard Maire y Jean-François Pernette, decidió aceptar el desafío. Estas islas se componen casi por completo de mármol, una roca con la que se pueden crear cuevas, grietas y galerías. Los espeleólogos pensaron que podrían llevar a cabo unos descubrimientos muy interesantes. ¡No se decepcionarían!

COORDENADAS

¿Quién? Varios equipos internacionales de espeleólogos y científicos.
¿Cuándo? Desde 1995.
¿Dónde? Islas Madre de Dios y Diego de Almagro (Patagonia, Chile).
¿Por qué? Para explorar y estudiar las islas desde el punto de vista científico.

Huellas humanas

Tras varios avistamientos en 1995, se organizaron dos primeras misiones de espeleología, una en Diego de Almagro (1997) y otra en Madre de Dios (2000). El patrimonio de estas islas resultó excepcional, con su estructura agujereada por numerosas cavidades, su red de agua subterránea y una flora y fauna muy particulares. En 2006, regresó a Madre de Dios una nueva expedición compuesta por 23 espeleólogos y científicos de diversas nacionalidades. En esta ocasión descubrieron también en la costa una gruta llena de pinturas al ocre y al carbón, lo que demuestra que los indios kawésqar se aventuraron hasta allí en algún momento pese a las inclemencias.

ESCULPIDA POR LAS AGUAS, LA ROCA PRESENTA MÚLTIPLES CAVIDADES QUE REQUIEREN QUE SE ESTUDIEN UNA POR UNA PARA DESCUBRIR ALGÚN ACCESO HACIA LAS REDES HIDROLÓGICAS MÁS PROFUNDAS.

PORCHE DE LA BALLENA (ISLA MADRE DE DIOS), VISTA EN CORTE.

50 M

La gruta de la Ballena

Para hacernos una idea del clima, ¡algunos días el viento era tan fuerte que se llevaba las tiendas y a los exploradores les costaba mantenerse en pie! Pero esto no impidió que una nueva expedición llegara a Madre de Dios en 2008 con el objetivo principal de explorar en profundidad un sorprendente descubrimiento que se hizo en 2006: la gruta de la Ballena, una inmensa cavidad situada a 9 m bajo el nivel del mar en el que encontraron los esqueletos de 6 enormes cetáceos. ¡Algunos de los huesos alcanzaban los 37 m de altura! Tras barajar varias hipótesis, hoy en día se piensa que el misterio responde a un tsunami colosal que se produjo hace 12 000 años, según la datación de los huesos de la ballena.

ENTRADA A LA GRUTA DE LA BALLENA.

LOS KAWÉSQAR

El pueblo de los kawésqar, también conocido como alakaluf, hoy en día desaparecido, vivió en esta región durante unos 6000 años. Estos cazadores de leones marinos nómadas vivían en la costa austral de Chile, a veces en tierra firme, en chozas cubiertas de piel, pero sobre todo en el mar, donde toda la familia vivía en una canoa fabricada con cortezas.

«La isla Madre de Dios es un conservante natural extraordinario. Se trata de un laboratorio único, protegido por su situación de las influencias extrañas que ejercen las actividades del ser humano».
Richard Maire

MADRE DE DIOS

DIEGO DE ALMAGRO

ÍNDIOS KAWÉSQAR

La isla Madre de Dios mide unos 40 km de largo por 20 de ancho.

Un proyecto a largo plazo

A la isla Madre de Dios en 2010 y a la de Diego de Almagro en 2014 acudieron otras dos nuevas expediciones que permitieron explorar nuevas zonas. Los espeleólogos descendieron por cuevas a más de 300 m de profundidad y los científicos instalaron instrumentos de medida en las grutas. También descubrieron varios yacimientos arqueológicos, esta vez situados en el interior del territorio (lo que constituyó una enorme sorpresa), y lo más importante: el estudio de las «islas de los glaciares de mármol» ha revelado que se puede medir la evolución del clima desde al menos 10 000 años y seguir de cerca las modificaciones actuales. Este tema preocupa a toda la comunidad científica, que ya ha anunciado futuras expediciones en las que también participarán estudiantes, como las que ya han realizado anteriormente. •

LOS RÍOS

Una red hidrográfica se forma por numerosas corrientes de agua. Las fuentes, los torrentes, los arroyos y los ríos se mezclan y terminan por desembocar en un río que finaliza su recorrido en el mar o el océano.

40 000 KM³

Es el volumen estimado de agua dulce que vierten los ríos del mundo en los océanos cada año. El récord lo ostenta el Amazonas, con una media de 209 000 m³ por segundo, ¡más de 100 piscinas olímpicas!

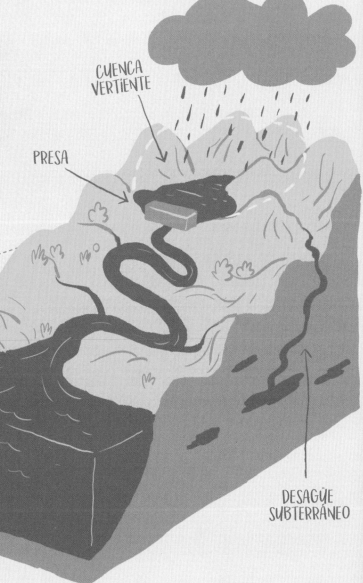

LA DIVISIÓN DE LAS AGUAS

Las corrientes de agua suelen nacer en las alturas, donde más llueve. Después descienden por la pendiente natural del terreno y a veces realizan desvíos considerables para terminar reuniéndose en zonas más amplias. Cada cuenca vertiente está delimitada por una zona muy concreta y separada de sus vecinos por una línea de «división de aguas». Concretamente, ¡cada gota de lluvia que caiga en distintos lugares de una misma cuenca terminará desembocando en el mismo río!

FUENTES DE VIDA

Las primeras grandes civilizaciones nacieron junto al cauce del Nilo, el Ganges o el Éufrates, pero otros ríos también han representado un papel importante, desde el inmenso Amazonas o el Rin hasta el Támesis o el Sena. Sobre sus riberas y sus deltas se encuentran las zonas más fértiles, las corrientes más intensas y, en consecuencia, los asentamientos más numerosos.

TRUCOS PARA EXPLORADORES

- Cuidado con los rápidos: la aceleración de la corriente te puede pillar por sorpresa.
- Mantén tus pertenencias bien atadas a la embarcación, a ser posible en cajas impermeables.
- No te fíes de los hipopótamos: te atacarán si se sienten amenazados.

LAS RUTAS DEL AGUA

Para los exploradores, el ascenso de un río ha sido siempre un medio privilegiado para adentrarse en el corazón de un territorio. En una jungla inexpugnable se trata además de la única vía posible, pero ¡no siempre es tan fácil! Con frecuencia se encuentran caídas infranqueables, pantanos o múltiples desembocaduras que se confunden con el curso principal, sin contar los encuentros con pueblos por lo general hostiles: ¡la historia está llena de expediciones que no han regresado jamás! •

El maestro del río Niger

Jean Rouch, un joven ingeniero diplomado, llegó a África en 1941 con dos compañeros para construir carreteras y puentes, pero ¡su encuentro con el río Niger le deparará un futuro totalmente distinto!

El Níger es el tercer río más largo de África tras el Nilo y el Congo. Nace cerca del océano, pero da un rodeo y se adentra hacia el norte.

COORDENADAS

¿Quién? Jean Rouch, Jean Sauvy y Pierre Ponty.
¿Cuándo? De octubre de 1946 a marzo de 1947.
¿Dónde? África del Norte-Oeste.
¿Por qué? Para descender por el río Níger desde su nacimiento hasta la desembocadura.

Cuentos y magia

En 1941, Francia y sus colonias quedaron bajo el control de Alemania. Durante este extraño periodo, Jean Rouch llegó a África, pues lo destinaron a Níger. Movido por la curiosidad, el joven se interesó mucho por las culturas locales, sobre todo por los songhai. Un pescador de dicha etnia, Sorko Damouré Zika, trabó buena amistad con el francés. Un día, en 1942, un rayó mató a 10 obreros en una construcción. Para los songhai había sido obra de Dongo, el genio del trueno. Fascinado, Jean Rouch asistió a la ceremonia fúnebre teñida de toques mágicos. Después, Sorko lo invitó a casa de su abuela Kalia, que le contó las leyendas de su pueblo. En esta casa, como rememora Rouch, descubrió todo un mundo de maravillas africanas...

El juramento de Bamako

Fascinado también por el río Níger, Jean Rouch tomó notas y muchas fotografías, pero la guerra impuso sus prioridades: cuando llegó a Dakar, en la zona liberada, se alistó en una unidad de combate francoamericana y participó en el desembarco de Provenza. Antes se reunió brevemente con Jean Sauvy y Pierre Ponty en Bamako, donde los tres hombres prometieron volver tras la guerra para descender el río Níger. En 1946, por fin pudieron cumplir su promesa. Gastaron sus últimos ahorros en una cámara de 16 mm, y para financiar la expedición enviaban sus relatos diarios a la agencia France-Presse, firmando como «Jean Pierjeant», una mezcla de sus dos nombres.

«Nuestra balsa se rompió y se rasgó, la engulleron los torbellinos o se quedó atravesada entre las ramas de un árbol sumergido unas veinte veces. Veinte veces que llegamos a pensar que nos engulliría el río...».
Jean Rouch

¡EL NÍGER ES UN RÍO IMPETUOSO, PLAGADO DE RÁPIDOS!

REVELABAN LAS FOTOGRAFÍAS EN LA PIRAGUA, EN UNA RUDIMENTARIA CÁMARA OSCURA.

En la ribera del río

Los tres exploradores llegaron a Niamey el 20 de julio de 1946 y emprendieron un largo viaje hacia la frontera de Guinea y Sierra Leona, hasta que alcanzaron por fin el nacimiento del río Níger en octubre: «De repente, en unas aguas profundas a la sombra de unos árboles, vimos un mar del que salía un hilo de agua...». El periplo comenzó a pie, abriéndose camino a través de la selva con un machete. Cuando el caudal del río lo permitió, construyeron una balsa para atravesar los primeros rápidos. La comodidad mejoró al comprar una piragua, pero no las condiciones de navegación ni los riesgos a los que se enfrentaban, ¡como las feroces tribus que les salían al paso! A la agencia France-Presse llegaban artículos ilustrados con fotografías que plasmaban la vida de los pescadores o de los cazadores de hipopótamos, los descansos en los pueblos, etc. Jean Rouch también grababa, le gustaba que las escenas fluyeran con naturalidad frente a la cámara.

HACER QUE OLVIDARAN LA CÁMARA ERA EL MÉTODO DE JEAN ROUCH PARA RETRATAR LA REALIDAD.

LIBRE Y ENTUSIASTA

Durante más de 50 años, Jean Rouch realizó unas 140 películas, sobre todo en África. Se convirtió en un maestro del «cine documental» e inspiró a muchos cineastas y científicos con su aproximación a una etnología entusiasta, atenta hacia los demás. Murió en una carretera de Nigeria, en 2004, a los 86 años, y su cuerpo descansa en Niamey, como un fiel guardián del gran río.

Abundancia de imágenes

Tras 5 meses de viaje y 4200 km recorridos, los viajeros llegaron a Bouroutou el 25 de marzo de 1947, en la desembocadura del río al mar, el Golfo de Benin. No había lugar a dudas: ¡el agua se había vuelto salada! Acababan de completar el primer descenso integral del Níger, habían sobrevivido a una experiencia humana extraordinaria y habían traído una importante colección de objetos rituales de los songhai, así como fotos y películas. Al regresar a París, Jean Rouch organizó una proyección ante los etnólogos Clauve Lévi-Strauss, André Leroi-Gourhan, Marcel Griaule y Michel Leiris, que le prestaron todo su apoyo. Esas imágenes aportaron el material necesario para su primera película, Au pays des mages noirs («En el país de los magos negros»), que impulsó en 1949 su larga carrera como cineasta. •

En los nacimientos del Orinoco

Ya en 1498, Cristóbal Colón había observado este gran río, el primero que descubrieron en América del Sur; sin embargo, a pesar de numerosos intentos, nadie había podido llegar a ascender hasta su nacimiento...

El Orinoco desemboca en el Atlántico por el delta más grande del mundo, que mide unos 30 000 km², más o menos la superficie de Bélgica.

COORDENADAS

¿Quién? Joseph Grelier y un equipo franco-venezolano.
¿Cuándo? De enero a diciembre de 1951.
¿Dónde? Selva amazónica.
¿Por qué? Descubrir el nacimiento del río y estudiar el alto Orinoco.

Una sólida preparación

Decenas de exploradores han buscado los orígenes del Orinoco en la parte venezolana de la Amazonia, y muchos de ellos jamás regresaron... El americano Dickey afirmó haberlos encontrado en 1931, pero Joseph Grelier estaba convencido de que se hallaban a mucha más profundidad en la selva. Necesitó 3 años para organizar su expedición geográfica y científica con un equipo de etnólogos y de biólogos. Por suerte, Venezuela facilitó todos los trámites para el éxito del proyecto, que se denominó «expedición franco-venezolana hacia los nacimientos del Orinoco», dotada de todo tipo de medios, ¡incluso tenían un avión a su disposición!

En el campamento base

Ya en enero de 1951, Joseph Grelier salió a explorar con un grupo para acondicionar una pista de aterrizaje en La Esmeralda, el punto más alto del río en el que se reúnen los marineros del Orinoco. Por aquella época no se conocía gran cosa del territorio que habitaban los indios. Una vez instalado el campamento base, solo quedaba construir las embarcaciones y comenzar los estudios científicos. Grelier también se tomó un tiempo para establecer relaciones corteses con las tribus que vivían allí, recurriendo para ello a exploradores indios que organizaron encuentros con los jefes locales. Así esperaba facilitar el desarrollo de la expedición y estudiar los pueblos que tanto le fascinaban.

¡ASCENDER POR UN RÍO CON EMBARCACIONES PESADAS ES UNA TAREA AGOTADORA!

EL CURSO DEL RÍO

El Orinoco adquiere su nombre de una expresión que significa «lugar por el que se puede remar». Con sus 2140 km de longitud, es el tercer río más largo de América del Sur, por detrás del Amazonas y el Paraná. 420 km son navegables para los barcos y solo 1600 km para pequeñas embarcaciones.

Esfuerzos incesantes

El 13 de julio, un equipo compuesto por una quincena de personas inician el ascenso del río. El avance es lento y difícil porque hay que rodear a menudo los rápidos y las cascadas. Después llega el temido momento del encuentro con los waikas y los guaharibos, pero las tomas de contacto de Grelier dieron sus frutos: no los acogieron con actitud cordial, pero tampoco hostil, y terminaron estableciendo relaciones. Sin embargo, hay muchos más factores en contra: las fiebres, las heridas, las hernias por cargar con las embarcaciones...

LOS INDIOS GRABARON ALGUNOS MOTIVOS SOBRE LA ROCA: ¿HOMBRE O RANA?

Los hombres primero

Tras cuatro meses de progresos surgió un problema bastante grave: dos miembros del equipo cayeron enfermos y morirían si no bajaban al campamento, equipado con material médico. El jefe de la expedición, Grelier, se sintió responsable de su seguridad y dio media vuelta, aunque ordenó al resto del equipo que continuara. Unos días más tarde, el 27 de noviembre, en el punto sur de la sierra Parima, el equipo avistó una cresta a 1000 m de altura. Enseguida constataron que se encontraban sobre la línea de división de las aguas entre el Catrimani, el Rio Branco, el Amazonas y el Orinoco. Lo habían logrado: ¡habían descubierto los verdaderos nacimientos del río!

LOS PUEBLOS WAIKAS Y GUAHARIBOS SE LLAMAN HOY EN DÍA YANOMAMIS, Y VIVEN EN BRASIL Y EN VENEZUELA.

Un verdadero consuelo

Tras dejar a los enfermos en un lugar seguro, Joseph Grelier parte de inmediato hacia la parte superior del débil curso del agua, pero cuando se encuentra con los demás ya vienen por el camino de vuelta. Le atormenta no haberlo visto con sus propios ojos, pero el descubrimiento convirtió la expedición en un éxito absoluto, así que deciden bajar. Aunque él nunca llegaría a contemplar los nacimientos del río de primera mano, regresaría a la región en numerosas ocasiones, desde el año posterior hasta el final de su vida. •

«Jamás conocería los nacimientos en los que invertí tres años de mi vida, pero ¿qué más dan los nombres de los que llegaron hasta allí? Lo importante es que los hayan encontrado».

Joseph Grelier

El descenso del Nilo

Con sus 6700 km de longitud, el Nilo es uno de los dos ríos más largos del mundo. Se pensaba que era imposible realizar un descenso integral, pero ¡tres aventureros aceptaron este gran desafío!

COORDENADAS

¿Quién? Jean Laporte, John Goddard y André Davy.
¿Cuándo? Del 2 de noviembre de 1950 al 18 de julio de 1951.
¿Dónde? Desde los nacimientos del Nilo, en el mar Mediterráneo.
¿Por qué? Para descender el río por completo.

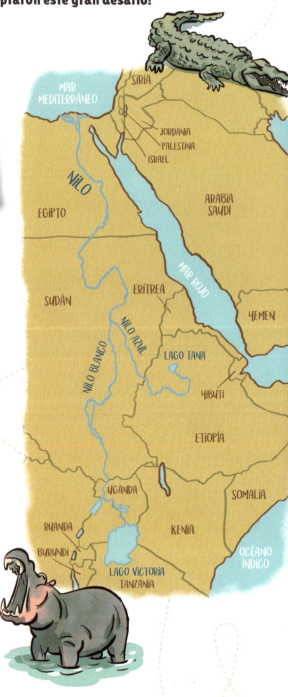

El Nilo adquiere su nombre en Jartum, capital de Sudán, donde se mezclan las aguas del Nilo Azul, que nace en el lago Tana de Etiopía, y el Nilo Blanco, que proviene del lago Victoria y el río etíope Atbara.

Un vasto periplo

Durante los tres años que se necesitaron para financiar la expedición, Jean Laporte estima haber escrito más de mil cartas... Numerosos compañeros abandonaron, y fue solo poco antes de la salida cuando conoció a John Goddard y a André Davy. Un largo y peligroso viaje esperaba a los tres hombres. Su punto de partida sería el Nilo Blanco, uno de los principales afluentes del Nilo, cuyos orígenes se descubrieron en 1925. Atravesaron también las nieves de los montes Rwenzori, situados en lo alto del Lago Victoria, hasta llegar al Mediterráneo. ¡Atravesaron 9 países y sufrieron hasta 6 climas distintos!

Un día tras otro

Tras 2000 km de recorrido en camión para transportar los kayaks y las centenas de kilos del equipo, los aventureros se lanzaron al agua, donde el río comenzaba a ser navegable. Los tres hombres se enfrentaron juntos a todo tipo de riesgos: rápidos y cascadas, marismas inexpugnables, cocodrilos, hipopótamos... En cuanto a los pueblos que se cruzaban, como los Bantú o los Pigmeos, los solían acoger con bastante hostilidad. Por fin, tras 8 meses y medio de un viaje muy agitado, la expedición llega al delta del Nilo: ¡acaban de lograr una primicia mundial!

ANDRÉ DAVY JOHN GODDARD JEAN LAPORTE

POR LA NOCHE, CADA UNO INFLABA UN COLCHÓN EN EL KAYAK, TAPABA LA ENTRADA CON UNA MOSQUITERA Y DORMÍA EN ESTE ESPACIO TAN REDUCIDO.

Las horas aciagas

Jean Laporte no había quedado satisfecho: le habría gustado grabar mejores películas y explorar el otro afluente principal, el Nilo Azul. Otras dos expediciones le permitieron cumplir con sus objetivos, pero en condiciones muy drásticas. La de 1952-1953 se vio interrumpida por la muerte accidental de un compañero de equipo, Jacques Blein. Después, en 1961-1962, subió hasta la cuna del Nilo Azul, en Etiopía, más de 800 km inexplorados por aquella época, pero una tribu los atacó y dos hombres murieron. Para Jean Laporte este será el último intento de descender por oleajes tumultuosos, aunque continuará estudiando el río toda su vida, hasta el punto de que se le conocería en la posteridad como «el hombre del Nilo». •

«Gracias a las corrientes y a los hipopótamos que nos transportaban, habíamos recorrido 60 km antes del mediodía. Esta etapa sería la más rápida de nuestro viaje».

Jean Laporte

¿EL ÚLTIMO NACIMIENTO?

En 2006, dos neozelandeses y un británico descubrieron un agujero lleno de barro del que brotaba un hilo de agua en el bosque de Nyungwe, en Ruanda, a 2148 m de altitud. Esta sería la fuente más lejana del Nilo, con una longitud total de 6718 km.

LOS OCÉANOS

Los exploradores los han atravesado... pero hasta hace muy poco apenas se conocía nada sobre este mundo oculto bajo la superficie de los océanos, ¡y aún queda tanto por descubrir!

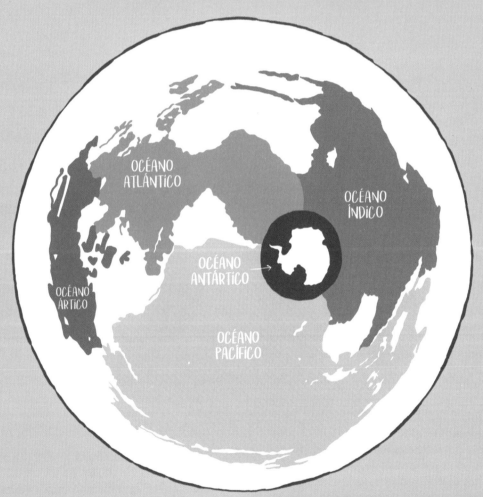

150 M

Es la profundidad a la que el 99 % de la luz solar queda absorbida por el agua. ¡Por debajo de 1000 m la oscuridad es absoluta, el frío intenso y la presión colosal!

Este mapa redondo permite visualizar el océano global, la red interconectada de todas las aguas marítimas de la Tierra. Juntos, los 5 océanos cubren un 71 % de nuestro «planeta azul».

UN PLANETA LÍQUIDO

Los océanos cubren 360 millones de kilómetros cuadrados, forman un 71 % de la superficie del planeta y contienen el 97 % del agua disponible. La profundidad media es de 4500 m, lo que, a escala del diámetro del planeta, solo representa una fina película de agua salada. Su papel principal lo ejercen sobre el clima: acumulan el calor en las zonas tropicales y lo reparten a merced de las corrientes oceánicas...

EL NACIMIENTO DE UNA CIENCIA

En 1872, la expedición inglesa del HMS *Challenger* abrió nuevas puertas a la ciencia oceanográfica. La nave estaba equipada de material para analizar el agua del mar y de dragas para extraer muestras. Francia lanzó sus primeras misiones científicas con *Talisman* en 1884, en el Golfo de Gascuña. Recogieron peces, moluscos y crustáceos a 5000 m de profundidad, una verdadera hazaña para la época.

TRUCOS PARA EXPLORADORES

- Intenta preverlo todo: en mitad del océano se pueden pasar semanas completamente aislado.
- Cuando estudies la ruta ten en cuenta los vientos dominantes, pero también las poderosas corrientes marinas.
- En caso de naufragio, beber algunos sorbos de agua de mar cada día te ayudará a sobrevivir.

EL AUGE TECNOLÓGICO

Hacia 1920, las sondas de ultrasonidos permitieron estimar la profundidad del océano. ¡Menuda revolución! Cuando se perfeccionó, el «sonar» reveló la existencia de montañas submarinas. A partir de los años 60, se zambulleron en el fondo de los océanos a medida que las naves científicas se modernizaban... Hoy en día, incluso se utilizan satélites para estudiar las corrientes marinas. Pese a todas las nuevas tecnologías, ¡el 95 % de los grandes fondos permanece sin explorar!

La escafandra autónoma

Para caminar bajo el agua existían pesadas escafandras unidas a la superficie por un tubo. ¡Jacques-Yves Cousteau puso en marcha un invento revolucionario que permitiría explorar los océanos con la libertad de un pez!

COORDENADAS

¿Quién? Jacques-Yves Cousteau, Émile Gagnan, Philippe Tailliez, Frédéric Dumas.
¿Cuándo? 1943.
¿Dónde? Marne y las costas mediterráneas francesas.
¿Por qué? Para inventar y poner en práctica la primera escafandra autónoma.

Cousteau grabó las primeras grandes películas submarinas y también fue el precursor de la arqueología submarina.

Ojos bajo el agua

Todo comenzó en Tolón un día de verano de 1936. Jacques-Yves Cousteau era un joven oficial de la marina que soñaba con ser piloto de avión para la industria aeronaval y grabar desde el cielo... Por desgracia, un accidente de coche le obligó a renunciar a este proyecto. Para animarle, Philippe Tailliez, un amigo suyo apasionado del submarinismo, le dejó probar sus «gafas Fernez», que permitían ver bajo el agua. Para Cousteau fue toda una revelación: cuando observó por primera vez la «jungla» submarina, comprendió de inmediato que un nuevo mundo del que ni siquiera sospechaba su existencia se había abierto ante él.

«A veces, un pequeño suceso puede transformar nuestra vida por completo si tenemos la suerte de tomar plena consciencia de él... Eso es lo que me ocurrió aquel día de verano en el que mis ojos se abrieron al mar».

Jacques-Yves Cousteau

Los «mosqueteros del mar»

Reunidos por Frédéric Dumas, los tres «mosqueteros del mar», como se hacían llamar en broma, empleaban su tiempo libre explorando los fondos marinos. Por lo general fabricaban ellos mismos todo su material: aletas, gafas, tubos de buceo, arpones, etc. Pero Cousteau se sentía frustrado por no poder permanecer más de unos minutos bajo el agua. Aparte de las pesadas escafandras que se unían a la superficie mediante un tubo, también existía una escafandra autónoma que puso en práctica el comandante Le Prieur en los años 20 y que liberaba oxígeno bajo presión, pero el aparato era muy peligroso y, tras haber sufrido dos accidentes, Cousteau lo descartó por completo. ¡Estaba convencido de que había una forma de mejorarla!

FRÉDÉRIC DUMAS

JACQUES-YVES COUSTEAU

ÉMILE GAGNAN

EL EQUIPO ERA MUY SIMPLE: UNA BOTELLA DE AIRE COMPRIMIDO, UNA MÁSCARA, ALETAS, UN CINTURÓN DE PLOMO Y UN REGULADOR EN LA BOCA.

La idea del regulador

En 1940, con Francia ocupada, desmovilizaron a los marinos. Cousteau fabricó una caja impermeable, introdujo una cámara en su interior y grabó su primera película sobre caza submarina en apnea. Pero no dejaba de repetirse que podría hacerlo mucho mejor si lograra permanecer más tiempo bajo el agua. El padre de su mujer, Henri Melchior, trabajaba en la sociedad Air Liquide y le habló de Émile Gagnan, un ingeniero que inventó un regulador para reducir el consumo de gas de los coches. ¡Cousteau entendió enseguida la importancia de este invento! A finales de 1942 conoció a Gagnan, que adaptó el sistema para la respiración humana. La idea era simplemente brillante: el regulador abastecería de aire al buceador solo cuando aspirara de la botella de aire comprimido, el resto del tiempo se bloquearía.

EL REGULADOR DE TIPO COUSTEAU-GAGNAN, CON SU DOBLE TUBO, EVOLUCIONÓ BASTANTE RÁPIDO CON EL PASO DEL TIEMPO.

Los prototipos

A principios de 1943, Cousteau se sumerge en el río Marne para probar un primer prototipo, pero sale muy decepcionado: aunque el aparato funciona bien en posición horizontal, al moverlo echa demasiado aire o muy poco. Siguiendo las indicaciones de Cousteau, Gagnan modifica el aparato y le añade un segundo tubo. En junio, los «mosqueteros del mar» se reúnen en Bandol para probar el segundo prototipo. Cousteau se sumerge el primero… y ocurre un milagro: ¡se puede respirar en todas las posiciones! Es más, el aire llega a la misma presión que ejerce el agua sobre el buceador, sea cual sea la profundidad. Esto permite adentrarse en aguas más profundas, donde nadie se ha aventurado jamás. ¡Ha nacido la escafandra autónoma!

EL CALYPSO

Gracias al éxito de la patente, el «comandante Cousteau» pudo realizar su sueño: poseer su propio barco, el *Calypso*. A bordo de él, desde 1952 y hasta el final de sus días, exploró los fondos marinos de todo el mundo, encontró yacimientos y realizó numerosas películas y documentales televisivos. ¡Su célebre gorro rojo fue conocido en el mundo entero!

Un mundo nuevo

Los «mosqueteros del mar» realizaron más de 500 inmersiones de prueba. En aquella época todo estaba por inventar: no se conocían todavía las tablas de descompresión, ni los efectos asociados a las grandes profundidades, y corrieron unos riesgos excesivos. «Una vez perdimos de vista la superficie. Los habituales destellos dorados dejaron de llegarnos: el azul que veíamos por encima de nosotros se movía igual de rápido que la masa de oscuridad que acechaba abajo...». Una tarde de octubre de 1943, frente a una multitud de curiosos y bajo el control de un alguacil, Dumas descendió 62 m. No alcanzó su objetivo de 100 m porque sufrió el fenómeno de embriaguez de las profundidades o narcosis de nitrógeno, pero la hazaña permitió presentar de forma oficial el invento, que se bautizó como *Aqua Lung* («pulmón acuático») y tenía numerosas aplicaciones, desde inmersiones por placer hasta trabajos submarinos o incluso como entrenamiento para los astronautas. •

EN 1959, COUSTEAU INVENTÓ TAMBIÉN EL «PLATILLO VOLADOR», QUE UTILIZÓ PARA GRABAR A 3000 M DE PROFUNDIDAD.

CÁMARA

Naufragio voluntario

¿Cómo se puede sobrevivir a un naufragio en el mar? La pregunta obsesionaba a un joven médico que decidió consagrar todas sus investigaciones y llevar a cabo la experiencia él mismo aun a riesgo de que le tomaran por loco.

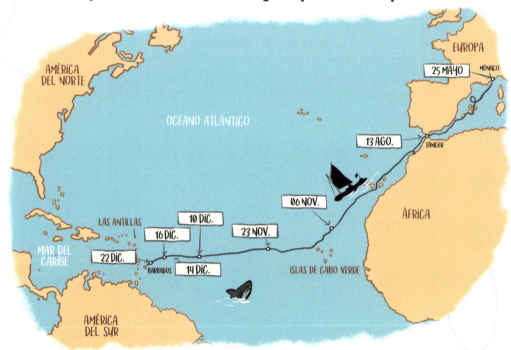

A merced de los vientos y las corrientes, Bombard tuvo que enfrentarse también a las tempestades, ¡y solo contaba con un zapato y su sombrero para achicar agua!

COORDENADAS

¿Quién? Alain Bombard, Jack Palmer (hasta Tánger).
¿Cuándo? Del 25 de mayo al 23 de diciembre de 1952.
¿Dónde? A través del mar Mediterráneo y después por el océano Atlántico.
¿Por qué? Para demostrar que un náufrago puede sobrevivir con los medios de a bordo.

Un drama insoportable

En 1950, Alain Bombard trabajaba como interno en el hospital de Boulogne-sur-Mer. Un día, llevaron los cuerpos de 21 marinos que habían perecido en un naufragio y el médico quedó tremendamente impactado, sobre todo cuando supo que cada año miles de hombres sufrían el mismo destino en todo el mundo. Decidido a contrarrestar la cifra de muertos, entró como investigador en el museo oceanográfico de Mónaco. Allí estudió la resistencia del cuerpo humano, el comportamiento de los náufragos y la composición del agua de mar, entre otros, para llegar a la conclusión de que es posible sobrevivir con un mínimo de comida y agua, que podía provenir de la lluvia, de los peces o incluso del mar si se bebía en cantidades razonables. ¡Una idea revolucionaria que escandalizó a los equipos de salvamento!

«La sed mata mucho más rápido que el hambre. Se puede beber agua de mar si se ingiere en pequeñas cantidades...».

Alain Bombard

CADA DÍA, EL NÁUFRAGO SE TOMABA LA TENSIÓN, LA TEMPERATURA, EL ESTADO DE LA PIEL... TAMBIÉN EJERCITABA LA MEMORIA PARA VENCER LA SOLEDAD.

Solo contra todos

Pero Bombard se obstinó: dado que nadie estaba dispuesto a creerle, decidió pasar él mismo por la experiencia. «Tenía que buscar un modo de aislarme en el mar durante un tiempo superior a un mes e inferior a tres». Así pues, escogió atravesar el Atlántico por la ruta de los alisios en una pequeña Zodiac, sin más recursos que los que le proporcionaba el mar, pero antes atravesaría también el Mediterráneo. Muchos se burlaron de este «loco» en la prensa, que incluso estaba a la espera de juicio por haber entrado en aguas territoriales ajenas en un hidropedal. A modo de desafío, Bombard bautizó su embarcación como *El Hereje:* aquel que pensaba distinto al resto.

Primera travesía

El 25 de mayo de 1952, *El Hereje* partió de Mónaco con Alain Bombard y Jack Palmer, un amigo navegante que se ofreció voluntario. Los hombres llevaban una vela, un sextante, una prensa para extraer el jugo de los peces y un ancla flotante que haría las veces de red para obtener plancton, rico en vitamina C, y evitar el escorbuto. Tras 14 días de aislamiento y el resto en cabotaje de puerto a puerto, llegaron a Tánger el 21 de junio. Una mala noticia les esperaba allí: les habían retirado la financiación de la expedición. Tardaron semanas en regularizar la situación y encontrar una nueva Zodiac, y cuando llegó el momento, el 13 de agosto, Palmer renunció. ¡Bombard decidió emprender el desafío por su cuenta sin saber siquiera cómo utilizar bien el sextante!

Unos días terribles

La experiencia fue muy dura desde el principio, pues pasaron más de 3 semanas sin que cayeran precipitaciones. El náufrago voluntario solo contaba con agua de mar y jugo de peces exprimidos como medio de subsistencia. La deshidratación disparó sus miedos: temía volverse loco, morir, que lo devoraran los tiburones... Pese a las dudas y el agotamiento, se obligó a respetar un horario estricto dividido entre la navegación, las observaciones meteorológicas y las comprobaciones médicas. Anotaba todo, su cuerpo se convirtió en el de una cobaya a la que examinaba en perspectiva, pero no lo tuvo fácil: sufrió unas diarreas sanguinolentas terribles, perdió el conocimiento en más de una ocasión, le fallaban los músculos, le traicionaba la vista y se le cayeron las uñas de los dedos de los pies...

ALAIN BOMBARD MUESTRA LA PRENSA DE PECES QUE LE PERMITIRÍA EXTRAER JUGO PARA BEBER.

LOS BOTES SALVAVIDAS

Alain Bombard puso mucho empeño en mejorar los botes salvavidas, que ahora son obligatorios en todos los barcos. Estos deben poder inflarse automáticamente y mantenerse a flote al menos 30 días. Gracias a ellos, hoy en día la mayor parte de las víctimas de un naufragio sobreviven, contra 1 de cada 1000 en el pasado.

EJEMPLO DE BOTE SALVAVIDAS:

EL BIP COAST
ISO 9650

Miles de vidas salvadas

Tras pasar 113 días a la deriva en el mar, de los cuales 65 no avistó nada de tierra firme, llegó a la costa de Barbados el 23 de diciembre de 1952. Su estado de salud era deplorable, pero lo primero que hizo al pisar tierra fue buscar dos testigos fiables que certificaran que la caja de víveres que había llevado en caso de necesidad extrema estaba intacta. Además, el joven doctor Bombard demostró que la supervivencia en una balsa salvavidas era posible con los medios de a bordo... Durante toda su vida recibió cartas de náufragos que sobrevivieron gracias a su experiencia, pero ¡todavía a día de hoy se desaconseja oficialmente beber agua de mar en caso de naufragio! Bombard respondió incansablemente a sus detractores hasta que murió a los 80 años: «No soy un temerario ni un imprudente, solo he demostrado con un ejemplo práctico que mi teoría era correcta». •

EL LIBRO NÁUFRAGO VOLUNTARIO, TRADUCIDO EN TODO EL MUNDO, DEVOLVIÓ LA ESPERANZA A MUCHOS MARINOS Y HOMBRES DEL MAR.

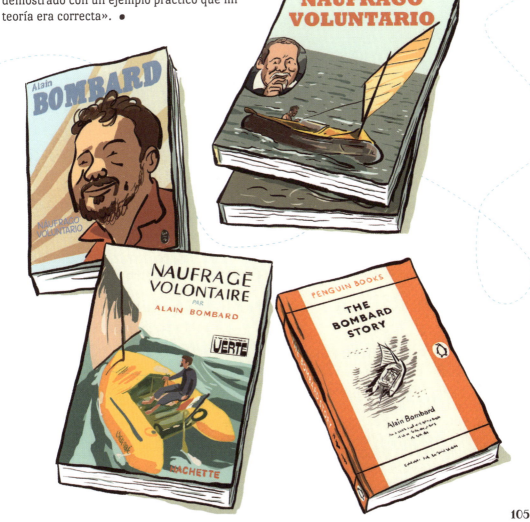

Sumergido en el abismo

En los años 50 comenzó la carrera espacial, pero también se soñaba con explorar el fondo desconocido de los océanos. Francia lanzó el proyecto Arquímedes: ¡un batiscafo capaz de sumergirse sin límites!

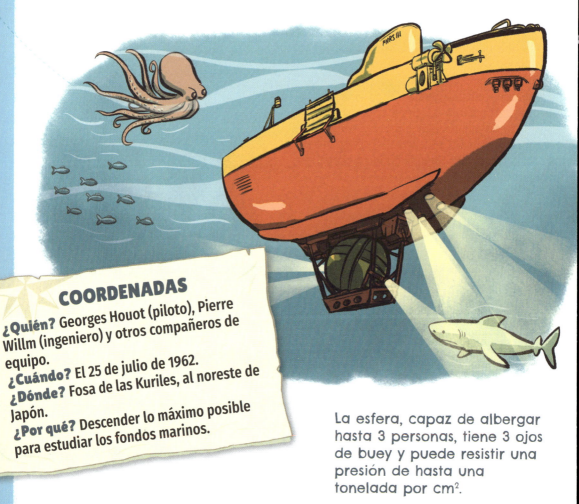

COORDENADAS
¿Quién? Georges Houot (piloto), Pierre Willm (ingeniero) y otros compañeros de equipo.
¿Cuándo? El 25 de julio de 1962.
¿Dónde? Fosa de las Kuriles, al noreste de Japón.
¿Por qué? Descender lo máximo posible para estudiar los fondos marinos.

La esfera, capaz de albergar hasta 3 personas, tiene 3 ojos de buey y puede resistir una presión de hasta una tonelada por cm^2.

La carrera hacia las profundidades

En 1948, el suizo Auguste Piccard creó el *FNRS II*, el primer batiscafo autónomo que alcanzaba 1380 m de profundidad sin tripulación, pero tras la construcción de su sucesor, el *FNRS III*, que llevaría en 1954 a varios hombres a 4050 m de profundidad, las relaciones con la marina francesa se tensaron. Piccard desarrolló por su cuenta otro aparato, el *Trieste*, que compraron los americanos en 1954. Ofendidos, los franceses se tomaron la revancha y lanzaron un nuevo proyecto en 1956, el batiscafo *Arquímedes*. ¿Qué país será el primero en descender al fondo del océano? En enero de 1960, la noticia cayó como una bomba: ¡el *Trieste* alcanzó la profundidad récord de 10 912 m en la fosa de las Marianas, situada en el Pacífico norte!

Éxito sin constancia

Un año más tarde, el *Arquímedes* salió de los talleres de Tolón. El aparato iba cargado de herramientas científicas para tomar muestras del suelo, pero su misión principal consistía en superar el récord del *Trieste*. Tras varios ensayos a 4800 m, el *Arquímedes* se sumergió en la fosa de Kuriles, donde se estima una profundidad de 11 000 m. El 25 de julio de 1962, con tres pasajeros a bordo, el *Arquímedes* comenzó su descenso y tocó fondo dos horas más tarde, pero ¡menuda decepción! ¡La fosa solo medía 9545 m! Al menos, cuando el aparato salió a la superficie tras 9 h y 15 de inmersión estaba intacto y listo para volver a sumergirse, al contrario del *Trieste*, cuya esfera se deformó y no podría superar más los 4000 m. De todos modos, nadie superaría su récord jamás, pues la fosa de las Marianas es la más profunda del mundo...

EL PRIMER BATISCAFO DEL PROFESOR PICCARD EN 1948.

LOS SUCESORES

Los submarinos franceses *Nautilus* y el japonés *Shinkai* son capaces de sumergirse hasta 6000 m. Para llegar aún más profundo se creó una nueva máquina, el *Deepsea Challenger*, que regresó en 2012 al fondo de la fosa de las Marianas.

BLOQUES DE LAVA SUBMARINA EN PILLOWS.

De la teoría a la práctica

El *Arquímedes* continuó una larga carrera marcada sobre todo por su participación en la operación franco-americana *Famous*, de 1973-1974, un gran estudio oceanográfico submarino en la zona del rift africano del mar Rojo. Los científicos observaron estructuras geológicas completamente nuevas, como una cascada de lava solidificada o *pillows* (llamados así por su semejanza a los almohadones), e incluso presenciaron la formación de minerales... Todas estas observaciones permitieron validar la teoría de las placas tectónicas, que explica la deriva de los continentes.

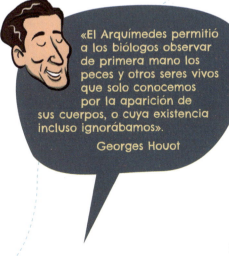

«El *Arquímedes* permitió a los biólogos observar de primera mano los peces y otros seres vivos que solo conocemos por la aparición de sus cuerpos, o cuya existencia incluso ignorábamos».

Georges Houot

El mundo bajo el hielo

Una pareja de exploradores franceses comienza una serie de expediciones para conocer la «cara oculta» de las regiones polares. ¿Su método? ¡Sumergirse bajo la capa de hielo en condiciones extremas!

A 100 m bajo la capa de hielo la luz se ve azulada y la temperatura del agua desciende hasta -1 °C.

Primera expedición

En 2006, Guislain Bardout trabajó como ayudante de Jean-Louis Étienne en un proyecto en el Polo Norte. Apasionado del submarinismo, el joven ingeniero intentó hacer un primer descenso bajo el hielo... En 2007, junto a su pareja Emmanuelle Périé, montó su propio proyecto para explorar las regiones polares submarinas: *Under the Pole*. Les llevó 3 años preparar la primera expedición: recorrer 800 km en pulka con 8 portadores y un perro husky y realizar inmersiones a lo largo de todo el recorrido. Salieron el 26 de marzo de 2010, pero un calentamiento brusco del ambiente debilitó la capa de hielo y les obligó a interrumpir el trayecto tras 45 días. Pese a todo, la misión fue un verdadero éxito: ¡realizaron 51 inmersiones y sacaron unas fotografías increíbles!

COORDENADAS

¿Quién? Guislain Bardout, Emmanuelle Périé-Bardout y los equipos de expedición.
¿Cuándo? Desde 2007.
¿Dónde? Regiones árticas.
¿Por qué? Constituir una base de datos documental y llevar a cabo investigaciones científicas.

El barco de los hielos

Después de 3 años más de preparación, esta vez en el *Why*, una goleta de 19 m, emprendieron la segunda expedición en enero de 2014. Los objetivos eran los mismos, pero con medios mucho más ambiciosos. Durante 21 meses (es decir, una invernada completa), el equipo recorrió la costa oeste de Groenlandia con sistemas «de reciclaje» que permitían inmersiones muy profundas... Guislain Bardout y Martin Mellet incluso batieron el récord de inmersión polar a 112 m bajo el hielo. En total realizaron más de 400 inmersiones en los fiordos, en las lindes de la costa, bajo los icebergs o la capa de hielo. A bordo del *Why*, una treintena de compañeros, submarinistas o científicos, se iban relevando a medida que pasaban los meses. El miembro más joven tenía solo dos años en el momento de partir: ¡Robin, el hijo de Guislain y de Emmanuel, vio osos polares antes de asistir al parvulario!

TRAS VARIAS REPETICIONES, LOS SUBMARINISTAS LOGRARON OBSERVAR LOS TIBURONES DE GROENLANDIA, QUE RARA VEZ EMERGEN A LA SUPERFICIE. ¡ESTOS GIGANTES PUEDEN ALCANZAR LOS 7 M DE LONGITUD!

MISIÓN EDUCATIVA

Con el apoyo del Ministerio de Educación de Francia, *Under the Pole* proporciona vídeos educativos para alumnos y profesores, mantiene un diario de a bordo ilustrado e incluso la tripulación se comunica regularmente con las clases de los colegios vía satélite.

«Ahí abajo hay una naturaleza magnífica, una vida submarina fabulosa, y el calentamiento de las aguas, aunque sea solo un grado, puede destrozarlo todo...».
Emmanuelle Perié-Bardout

PARA SUMERGIRSE BAJO LA BANQUISA HACE FALTA HORADARLA.

Navegar siempre...

Al explorar un universo desconocido, las dos primeras misiones ampliaron los conocimientos científicos: permitieron extraer muestras de hielo, estudios sobre el clima y el ecosistema submarino, pruebas sobre la fisiología de los buceadores, etc. También permitieron constituir una base de datos de fotografías única para libros o películas que deseen mostrar la belleza del mundo polar submarino, a la vez que alertan sobre las amenazas del calentamiento global con ejemplos concretos. Un verdadero «estado de situación» de la banquisa que servirá de referencia para el futuro... porque la aventura no termina aquí, ni mucho menos. ¡Hay muchas expediciones nuevas preparándose! •

INCURSIONE

Antes se requerían meses para dar la vuelta al mundo... Hoy en día, aunque el planeta no haya cambiado de tamaño, la concepción que tenemos de él se ha modificado con la evolución de los medios de transporte.

29 000 000 KM

Es la longitud que acumulan todas las carreteras del mundo, aunque las redes no se reparten por igual. En Japón hay 3 km de carreteras por km² de terreno, mientras que en Mali hay solamente 12 m por km².

TRUCOS PARA EXPLORADORE

- Prevé el tiempo vayas a pie, en bicicleta o a motor. Es lo más importante del viaje.

- Prepara tu periplo con prudencia, pero no te dejes llevar por las exageraciones de los medios de comunicación sobre los peligros.

- Aprende varias frases en cada lengua y respeta las tradiciones locales.

S Y PERIPLOS

EL RESONAR DE LOS CASCOS

Caballos, camellos, elefantes, llamas... Desde hace milenios los animales han constituido el único medio de transporte para desplazarse por vía terrestre y transportar material. Los grandes desplazamientos se llevaron a cabo con intereses bélicos o comerciales, y la historia está repleta de relatos de viajes increíbles que han permitido a los pueblos intercambiar sus inventos y compartir sus culturas...

LA AVENTURA DEL AUTOMÓVIL

Con los vehículos a motor se abrió una nueva era: ¡ahora para viajar basta con una carretera transitable! En 1907, el periódico francés *Le Matin* organizó una travesía de Pekín a París que solo contó con cinco competidores. Pero la historia nos deja para el recuerdo hazañas como los cruceros de Citroën en los años 20 y 30, que aunaron por primera vez la mecánica con la exploración científica...

UNA NUEVA PERSPECTIVA

Hoy en día pasamos de un continente a otro en cuestión de horas y los satélites sobrevuelan todos los rincones del globo, pero ¡esto no significa que la exploración haya desaparecido! Simplemente ha cambiado de forma y ha sido para mejor, ya que las tecnologías modernas permiten a los exploradores centrarse en lo esencial, en el estudio sobre el terreno, que siempre exige mucho tiempo. •

En la ciudad prohibida

A principios del siglo xx, Alexandra David–Néel deseaba explorar el Tíbet y visitar su capital, Lhasa, donde no se admiten extranjeros. ¡Al final logrará entrar a escondidas, en unas condiciones rocambolescas!

COORDENADAS

¿Quién? Alexandra David-Néel y Aphur Yongden.
¿Cuándo? Entre 1911 y 1925.
¿Dónde? Viajes a través de Asia.
¿Por qué? Para aprender la filosofía budista y explorar el Tíbet.

Asia a la cabeza

Alexandra David nació con espíritu viajero. A los 18 años viajó en una bicicleta grande y pesada desde Bruselas hasta España, ¡algo inaudito para una muchacha en 1886! Posteriormente se dedicó a la ópera y pasó un año en la India, en 1892, y después en Indochina, donde descubrirá la pasión de su vida: Asia, y más concretamente el Tíbet. La majestuosidad del Himalaya, la filosofía budista... ¡Alexandra deseaba conocer aquella forma de vida! Sin embargo, continuó con su carrera profesional y se casó con un ingeniero, Philippe Néel, en 1904. En 1911, a los 43 años de edad, emprende por fin un viaje de 18 meses por Asia... ¡que se alargó 14 años!

ATAVIADA CON LOS ATUENDOS LOCALES, ALEXANDRA DAVID-NÉEL SIEMPRE OCULTABA UNA BRÚJULA Y UN REVÓLVER ENTRE SUS VESTIMENTAS.

LA ERMITA DE LACHEN:
ALEXANDRA DAVID-NÉEL PASÓ
DOS AÑOS MEDITANDO EN ESTA CUEVA.
LOS TIBETANOS, IMPRESIONADOS,
LA BAUTIZARON COMO
«LA LÁMPARA DE LA SABIDURÍA».

EL TECHO DEL MUNDO

Al norte del Himalaya, el Tíbet forma la meseta más alta del planeta, con una altitud media de 4900 m. Es la cuna del budismo tibetano, cuyo principal dirigente es el dalái lama, que vive en el palacio de Potala, en Lhasa, aunque suele vivir en el exilio debido al grave conflicto del país con China, que se niega a aceptar la independencia del pueblo tibetano.

«Aquí la gente cree en la reencarnación, y me dicen: "La señora fue en otra vida un gran lama tibetano". No sé si existirá de verdad, pero sin duda en la memoria de mis células hay grabado un pasado... ¡Sentía nostalgia por Asia antes de haber estado siquiera allí!».

Alexandra David-Néel

La ermita

Al llegar a Sikkim, Alexandra David-Néel se alojó en varios monasterios. Allí conoció al joven lama Yondgen, de 14 años, que compartiría su pasión por los estudios y los viajes y se convertiría en su hijo adoptivo. Juntos se retiraron a la ermita de Lachen, a 3900 m de altitud. Justo al lado se encontraba la frontera con el Tíbet, el país que tanto atraía a Alexandra... Aunque a los extranjeros se les vedaba la entrada, consiguió entrar en Shigatzé, una de las grandes ciudades del sur, pero las autoridades inglesas tuvieron constancia de su presencia y la expulsaron de Sikkim. Dolida, promete regresar y llegar hasta Lhasa.

De un país a otro

En 1916, Alexandra David-Néel no quería regresar a una Europa en plena guerra, así que viaja hasta Japón. El país le decepciona bastante, pero encuentra a un monje filósofo, Ekai Kawaguchi, que afirma haber ido varias veces a Lhasa vestido como un monje chino. Alexandra y Yongden deciden volver y probar suerte... pero ¡pasarán 7 años antes de que puedan cruzar la frontera tibetana! La mayor parte del camino van a pie y atraviesan Corea, el desierto de Gobi, Mongolia y China, además de invertir mucho tiempo de estudio en monasterios o meditando junto a grandes sabios. Alexandra observaba y tomaba notas que le servirían para escribir sus libros en el futuro.

ALEXANDRA Y YONGDEN A LOS PIES DEL PALACIO DE POTALA. AUNQUE EN EL FONDO LA EXPLORADORA QUEDÓ UN POCO DECEPCIONADA CON LHASA, PUDO CONTEMPLAR LA CIUDAD CON SUS PROPIOS OJOS.

¡Un golpe de astucia!

En 1923, la exploradora llegó de nuevo a la frontera del Tíbet, esta vez decidida a imitar el ardid del japonés, y se hizo pasar por una anciana mendiga guiada por su joven hijo. Yongden conservó su hábito de monje, y ella se puso un abrigo desgastado, vello de yak entre sus cabellos y una vieja marmita abollada a la espalda de la que sacaría el hollín para ennegrecerse el rostro. Los dos cómplices viajaron por caminos apartados, muchos de ellos inexplorados. Jamás habían pasado por unas condiciones tan difíciles, pero la estratagema funcionó: tras meses de recorrido, entraron en Lhasa, la ciudad prohibida, una noche nevada de febrero de 1924.

ALEXANDRA SOBRE UN YAK. EN SUS LIBROS, CUENTA CON HUMOR SUS FANTÁSTICAS AVENTURAS, REPLETAS DE TRAVESURAS Y LEYENDAS.

ALEXANDRA CAMBIÓ EL NOMBRE DE YONGDEN A ALBERT, MUCHO MÁS FÁCIL DE PRONUNCIAR EN FRANCIA.

La travesía del siglo

¡Alexandra David-Néel consiguió lo que muchos otros exploradores no habían logrado! Durante 2 meses, ella y Yongden visitaron la ciudad y todos los monasterios cercanos, pero por una imprudencia de Alexandra (iba a lavarse al río cada mañana cuando los tibetanos no lo hacen en invierno), se vieron obligados a huir precipitadamente. Al regresar a Europa, tras haber adoptado oficialmente a Yongden, se instaló en el sur de Francia, donde mandó construir una casa al estilo tibetano y se dedicó a escribir libros relatando sus viajes. A los 69 años viajó a China con el pensamiento de pasar allí algunos meses y su estancia se alargó otros 9 años. Yongden murió en 1955, y Alexandra lo sobrevivió 14 años. ¡Murió a los 101 años, poco después de pedir que le renovaran el pasaporte! •

El Crucero Amarillo

André Citroën, pionero de la industria automovilística, se percató de los beneficios comerciales de organizar grandes expediciones. ¡Estas fantásticas epopeyas sobre ruedas fascinarían a Europa y pronto al mundo entero!

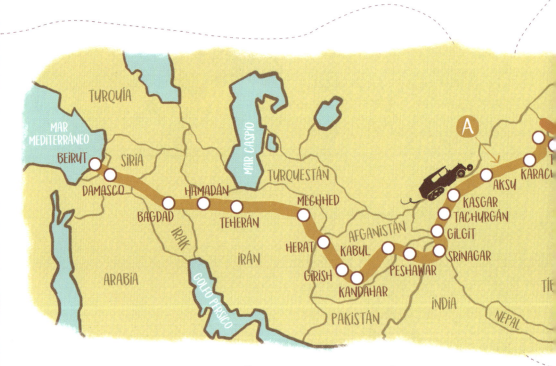

COORDENADAS

¿Quién? Georges-Marie Haardt, Louis Audouin-Dubreuil y una cuarentena de científicos, artistas, mecánicos...

¿Cuándo? Del 4 de abril de 1931 al 1 de abril de 1932.

¿Dónde? A través de Asia, desde Beirut hasta Pekín y Saigón.

¿Por qué? Para crear rutas automovilísticas, explorar las regiones y retratar la vida de los pueblos.

Cada vez más lejos

En 1919, el oficial Louis Audouin-Dubreuil encabeza la comisión automovilística de la misión militar Saoura-Tidikelt, un reconocimiento terrestre y aéreo de 3000 km por el Sáhara. Así conoció a André Citroën y a su ingeniero Georges-Marie Haardt. Juntos organizaron en 1922 el Crucero de la Arena, primera travesía del Sáhara en automóvil. En 1924-25 llegó el Crucero Negro, una expedición que recorrió África de norte a sur, unos 28 000 km a través de la sabana, de la maleza y del desierto... Pero André Citroën soñaba con una hazaña mucho más ambiciosa y pide a los dos hombres que tracen un circuito a través de Asia, ¡donde no existen siquiera carreteras en la mayor parte del recorrido!

Tres años de preparación

Los desafíos técnicos fueron innegables, pero lo más difícil consistió en obtener las autorizaciones para atravesar países con una situación política delicada. Por ejemplo, para rodear el Turquestán ruso, cuya entrada estaba prohibida, tuvieron que desviarse y atravesar los contrafuertes del Himalaya. Decidieron formar dos grupos: uno saldría de Beirut y el otro de Pekín, y se encontrarían a medio camino para continuar juntos hacia Pekín, pero antes Haardt y Audouin-Dubreuil supervisarían la instalación de puntos de avituallamiento, con 11 caravanas y 622 camellos que transportaron 50 toneladas de carburante, alimentos o piezas de repuesto hasta las regiones más recónditas del Asia Central.

A Itinerario del grupo «Pamir»
B Itinerario del grupo «China»

«Trazo la ruta de los yacimientos, de las conquistas, de la seda, de la Gran Muralla China, de Marco Polo».
Louis Audouin-Dubreuil

El sistema de tracción, extraíble y ligero, se componía de una correa gruesa de caucho molido y se reforzaba enrollándose sobre las poleas.
Era muy ligero y silencioso, pero había que reemplazar a menudo la correa.

Un testimonio único

El 4 de abril de 1931, los cuatro automóviles a tracción del grupo «Pamir» salieron de Beirut, y los siete vehículos del grupo «China» partieron dos días más tarde desde Pekín. Tanto en un lado como en otro la expedición incluía pasajeros de alto renombre, como el arqueólogo Hackin, conservador del Museo Guimet, el geólogo Teilhard de Chardin o naturalistas, pintores, fotógrafos y cineastas... Estos estudios científicos y artísticos contribuyeron al renombre del Crucero Amarillo, por lo que el gran público siguió de cerca estas maravillosas aventuras, y los archivos formaron un testimonio muy valioso para las generaciones futuras sobre los países que atravesaron, ya que la era moderna los transformaría poco después...

SOBRE LAS PENDIENTES DEL HIMALAYA HABÍA QUE ELEVAR EL AUTOMÓVIL A TRACCIÓN PARA MANIOBRAR POR ESTRECHOS SENDEROS.

LA TIERRA DEL FUEGO – ALASKA

Siguiendo el espíritu del Crucero Amarillo, en 1950, seis jóvenes scouts, entre los que se encontraban Jean Raspail, Philippe Andrieu y Guy Morance, organizaron una gran incursión a bordo de dos automóviles Renault «Colorale». Se hicieron llamar «equipo Marquette» en honor a un explorador francés del siglo XVII, y en 8 meses realizaron una travesía de sur a norte por el continente americano, recopilando imágenes y grabaciones.

Una serie de dificultades

En el día a día, los desafíos que se le planteaban a la expedición eran enormes. El grupo «Pamir» tuvo que hacer pasar sus vehículos a tracción por senderos de cabras a 3000 m de altura, y cuando se aproximaron al punto de encuentro, se enteraron de que el grupo «China» había sido capturado por un señor de la guerra local. En ese momento abandonaron los vehículos y acudieron en su rescate. Les costó semanas de negociación, en plena guerra civil, liberarlos y poder continuar con la ruta. Además, se acercaba el invierno y debían afrontar temperaturas de -30 °C con averías, dificultades sobre el terreno o falta de sueño. El 12 de febrero de 1932, tras 12 120 km y 10 meses de aventuras, la expedición llega a Pekín.

UNO DE LOS OBJETIVOS DEL PERIPLO CONSISTÍA EN DOCUMENTAR LA VIDA DE LOS PUEBLOS QUE SE ENCONTRABAN POR EL CAMINO, COMO LOS PESCADORES EN LOS CAUCES DEL MEKONG.

Hacia Indochina

Los miembros de la expedición apenas tuvieron tiempo para descansar: el presidente de la República, Paul Doumer, pidió que visitaran la colonia francesa de Indochina. Esta última etapa de 1700 km se efectuó sin grandes dificultades, pero quedó marcada por un trágico suceso: el 16 de marzo, Georges-Marie Haardt murió en Hong Kong a causa de una pulmonía. Así pues, llegaron a Saigón el 1 de abril, casi un año después de salir del Líbano, con el agridulce sabor del éxito y el dolor, pero ¡no cabe duda de que el Crucero Amarillo marcó un antes y un después en su época y casi un siglo más tarde se ha convertido en un mito! •

600 días alrededor del mundo

A principios del siglo xx ya existía un amplio repertorio fotográfico del planeta. En 1990, tres geógrafos repitieron los antiguos recorridos para verificar los cambios que habían tenido lugar desde entonces utilizando técnicas de vanguardia.

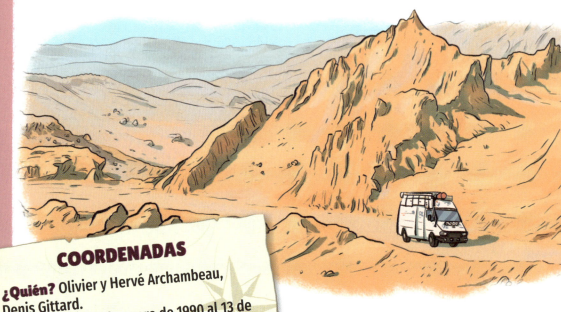

COORDENADAS

¿Quién? Olivier y Hervé Archambeau, Denis Gittard.
¿Cuándo? Del 8 de enero de 1990 al 13 de septiembre de 1991.
¿Dónde? Por todo el mundo, con salida y llegada a París.
¿Por qué? Para fotografiar lugares concretos y constatar las modificaciones geográficas del siglo xx.

BUCÉFALO PERDIDO EN EL VALLE DE LA LUNA, EN CHILE.

Apodado *Bucéfalo*, como el caballo de Alejandro Magno, este camión Renault 4x4 se acondicionó para transportar el ultraligero. ¡Durante el periplo se «bebió» más de 23 000 litros de combustible!

Un tesoro fotográfico

A finales de los años 80, un joven geógrafo, Olivier Archambeau, realizó su tesis sobre las formas de observación del territorio. Sus investigaciones le llevaron a descubrir *Los archivos del planeta*, un vasto programa que se llevó a cabo entre 1903 y 1930, financiado por el banquero Albert Kahn y dirigido por el geógrafo Jean Brunhes. Consistía en realizar una especie de inventario que incluyera los paisajes y las actividades humanas antes de que la vida moderna uniformizara el planeta, como ya se veía venir... Los «operarios fotográficos» que enviaron a todos los rincones del planeta contaban ahora con la mejor tecnología de la época, como autocroma o imágenes de color fijo sobre placas de vidrio.

ALBERT KAHN

Entre el pasado y el presente

¿Qué había sido de aquellos lugares? Con esta idea simple y directa en mente, Olivier Archambeau decidió organizar una expedición fotográfica alrededor del mundo, un ambicioso proyecto en el que se embarcó con su hermano Hervé y un amigo de la infancia, Denis Gittard. La idea era rastrear el pasado utilizando las técnicas de observación más recientes, porque estaba convencido de que los geógrafos modernos tenían gran interés en utilizar los nuevos medios de captura de imagen. Con las fotografías aéreas y las imágenes por satélite, las fotografías ya no se limitaban a ilustrar la realidad, sino que podían constituir el punto de partida de un estudio, plantear cuestiones y facilitar indicios para responderlas...

LOS ARCHIVOS DE ALBERT KAHN

En su vasta propiedad de Boulogne-Billancourt, este mecenas ha creado un «jardín del mundo» con ambientes de Japón, del Colorado o de Vosges... El público se puede pasear por allí, y además su casa alberga un impresionante museo en el que organiza exposiciones de los 72 000 autocromas y de las 100 horas de grabación de *Los archivos del planeta*.

UN EJEMPLO DEL CAMBIO: EN SINGAPUR SE DISTINGUEN 3 ZONAS URBANAS:
EL BARRIO INGLÉS EN PRIMER PLANO A,
LOS RESTOS DEL BARRIO CHINO TRADICIONAL SOBRE EL RÍO B,
Y LOS EDIFICIOS QUE SE CONSTRUYERON A PARTIR DE LOS AÑOS 70 AL FONDO C.

VUELO SOBRE EL PARQUE NACIONAL ULURU, EN AUSTRALIA.

¡EN MUCHAS REGIONES, NADIE HABÍA VISTO JAMÁS UN ULTRALIGERO!

Mucho por aprender

A finales de los años 80 no existían cámaras digitales, ni GPS, ni mucho menos Internet o *Google Earth*, por lo que el Centro Nacional de Estudios Espaciales facilitó al equipo imágenes tomadas por el SPOT-1, el primer satélite francés de observación. Otra novedad es que la expedición llevaría un ultraligero a motor para realizar las fotografías aéreas. Además, dispondrían de tres escalas: vistas desde el suelo, desde el cielo y desde el espacio, una combinación muy eficaz para estudiar las especificaciones de cada lugar. Para preparar el itinerario, Olivier, Hervé y Denis pasaron meses familiarizándose con un montón de técnicas: mecánica, puesta en práctica, pilotaje, lectura de mapas aéreos... ¡No se dejó nada al azar!

La duración del viaje

El viaje comenzó en 1990 como una experiencia vital que se alargaría durante bastante tiempo, como en el pasado. A medida que atravesaban países, los 3 amigos fueron buscando las localizaciones de las casi 80 diapositivas de *Los archivos del planeta* y constataron los enormes cambios que habían tenido lugar, como el desarrollo anárquico de las ciudades o la degradación de los patrimonios naturales. Gracias a estas fotos cada lugar constituía un objeto de estudio al que se le sumaban encuentros con las poblaciones locales. ¡Vivieron momentos mágicos, como cuando en Australia un jefe aborigen autorizó de forma excepcional que sobrevolaran la gran formación rocosa Uluru porque pensaba que el ultraligero era un pájaro!

«Claudio Ptolomeo, uno de los padres de la geografía del siglo II, ya la concibió como la representación en imágenes del mundo conocido, así como de los fenómenos que tienen lugar en él».

Olivier Archambeau

El satélite SPOT-1, lanzado en 1986, fue puesto en órbita a 830 km por encima de la Tierra. Sus fotos tienen una resolución de 10 a 20 m, frente a los 10 cm de las de hoy en día.

A favor de una geografía activa

Cuando regresó a París, el equipo había recorrido 157 000 km, atravesado 35 países y recopilado un nuevo «tesoro» de 18 000 fotografías. Olivier Archambeau estaba más convencido que nunca de que en un mundo globalizado que busca continuamente nuevas soluciones para sobrevivir, los geógrafos deben proporcionar los medios necesarios para promover el debate científico mediante las imágenes y el trabajo sobre el terreno. Hoy en día ejerce como jefe del departamento de geografía de la universidad París 8 y pide a sus estudiantes que hagan trabajos prácticos por el mundo entero. Por ejemplo, un inventario de la mítica «Ruta 66» americana, que permitió medir la transformación de los paisajes y constituir una base de datos para los investigadores de las generaciones venideras. •

EL AIRE Y EL

Durante milenios, el cielo ha sido un mundo inaccesible que los seres humanos observábamos desde abajo... ¡hasta que algunos pioneros se atrevieron a aventurarse por el aire con diversas máquinas y abrieron el camino de un nuevo campo de exploración!

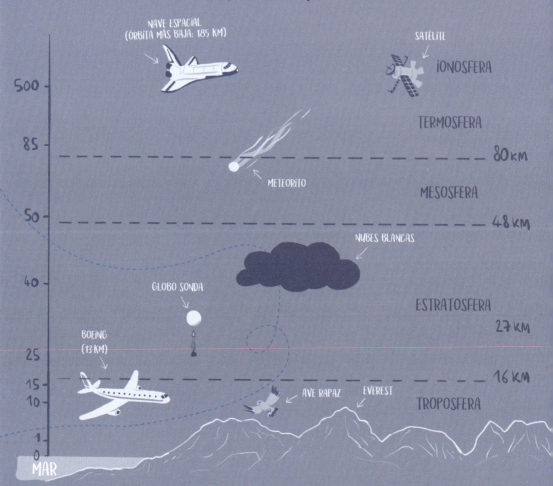

El aire nos parece muy ligero, pero en realidad es bastante pesado: por eso existe la presión atmosférica. A nivel del mar es en torno a 1 kg/cm², pero disminuye a medida que ascendemos hasta llegar al vacío del espacio.

ESPACIO

A LA CONQUISTA DEL AIRE

En 1783, los primeros globos aerostáticos permitieron explorar la Tierra desde el cielo. Después hubo que esperar hasta principios del siglo XX, cuando se desarrollaron los vehículos a motor y se esbozó el ala de un avión, para que inventaran las primeras máquinas que se pudieran pilotar. ¡Cuando Louis Blériot cruzó el canal de la Mancha en 1909, logró una hazaña increíble!

CARRERA ESPACIAL

Para ascender aún más alto hacía falta una maquinaria mucho más potente, capaz de realizar impulsos verticales. Fue entonces cuando llegó el cohete a reacción, que se desarrolló a partir de los años 40. Los rusos fueron los primeros en poner en órbita un pequeño satélite, el Sputnik, que contenía un transmisor de radio, y el 4 de octubre de 1957 el mundo entero escuchó fascinado sus pitidos procedentes del espacio.

CADA VEZ MÁS LEJOS

Hoy en día hay muchos tipos de aeronaves, cada vez más eficaces, que surcan el cielo. La conquista espacial no cesa: en el año 2030, el hombre habrá logrado viajar a Marte sin ninguna duda. ¿Y después? A la velocidad de las naves de hoy en día, necesitaríamos 30 000 años para llegar a Alfa Centauro, la estrella más próxima, pero ¿quién dice que no conseguiremos inventar otros medios de propulsión? •

TRUCOS PARA EXPLORADORES

- Hay que conocer el cielo, la meteorología, pero también la astronomía.
- Para aprender a volar, visita un club aéreo: existe más de una solución.
- Convertirse en astronauta no es tan inalcanzable como parece. ¡Muchos lo consiguen, pero hace falta una voluntad férrea!

80 000

Es el número de vuelos diarios por el mundo. Hay un despegue y un aterrizaje cada segundo. ¡Más de un millón de pasajeros se encuentran en el aire siempre!

De París a Nueva York en 37 horas

En 1927, Charles Lindbergh atravesó por primera vez el Atlántico en avión, siguiendo la ruta favorable de los vientos del este al oeste. Dos aviadores franceses sueñan con realizar la hazaña a la inversa, de París a Nueva York...

Costes y Bellonte recorrieron 6200 km en 37 horas y 14 minutos de vuelo, a una velocidad media de 167 km/h.

Una travesía peligrosa

El 29 de septiembre de 1929, Costes y Bellonte aterrizaron en Manchuria tras un vuelo de 52 horas. La distancia que recorrieron fue de 7925 km: ¡un nuevo récord mundial! Pero esto no era más que la preparación para el verdadero desafío: volar de París a Nueva York y recorrer 6000 km por el Atlántico norte. Una hazaña bastante compleja porque sobrevolar el Atlántico conlleva asumir que no se puede aterrizar en caso de avería... Ninguno de los 29 que lo intentaron antes tuvieron éxito y muchos aviadores perdieron la vida, como los franceses Nungesser y Coli en su *Pájaro Blanco*, en 1927.

COORDENADAS

¿Quién? Maurice Bellonte, Dieudonné Costes.
¿Cuándo? Del 1 al 2 de septiembre de 1930.
¿Dónde? De París a Nueva York.
¿Por qué? Atravesar el Atlántico norte en avión a la inversa de los vientos favorables.

El día J

Costes y Bellonte volaban con un avión Bréguet. Los ingenieros crearon una versión «transatlántica» sobre la base de un biplano clásico al alargar el fuselaje y aumentar las reservas de combustible. El *Point d'interrogation* («punto de interrogación»), como llamaron al avión, tenía 18,30 m de envergadura y podía recorrer hasta 9000 km con su motor de 650 caballos. Se trataba de un aparato excelente, pero había que esperar a que la meteorología fuera favorable... El 31 de agosto de 1930, se abrió un pasillo aéreo durante unas 40 horas, poco más de las 36 de vuelo que estimaban. Los hombres no tenían margen de error, pero Costes ya conocía la respuesta de Bellonte cuando le preguntó: «¿Lo intentamos o no?».

> «El 31 de agosto, como cada día, visité la Oficina Nacional de Meteorología. Viaut, el meteorólogo, me esperaba con los últimos mapas de la noche desplegados sobre la mesa. Los examiné y tuve que comprobar que no me engañara la vista... ¡El pasillo se había abierto!».
>
> Maurice Bellonte

VER EL AVIÓN ORIGINAL

Hoy en día, el Bréguet XIX se conserva en el Museo del Aire y del Espacio de Le Bourget, en el mismo lugar en el que aterrizó en 1930. Se restauró entre 1997 y 2002 y ahora parece como nuevo.

DIEUDONNÉ COSTES

MAURICE BELLONTE

COSTES (1892) Y BELLONTE (1896) PERTENECIERON A LA GENERACIÓN DE LOS PIONEROS DE LA AVIACIÓN... A LOS 20 AÑOS PILOTARON AVIONES DE LA PRIMERA GUERRA MUNDIAL.

Unas condiciones poco favorables

A las 10:54, el *Point d'interrogation* despegó de Bourget. Iba con las reservas de combustible llenas, y los aviadores solo llevaban unos bocadillos y un termo de café para reconfortarse del viento y del frío intenso... ¡porque los asientos de pilotaje, abiertos, apenas les protegían de la intemperie! Costes iba delante y por lo general pilotaba él. Bellonte, en el asiento de atrás, se ocupaba del radionavegador, del seguimiento de la ruta, de las comunicaciones por radio y de relevarlo cuando se cansara. Entre ellos se hablaban mediante mensajes escritos en trozos de papel. «¿Va bien la comunicación inalámbrica? ¿Quieres que pilote yo un rato?» o «He dado un rodeo para sobrevolar un barco»...

¡La costa, al fin!

Las horas pasan, el sol se alza y se pone. Sufren las inclemencias de las lluvias y el viento y se intercalan las turbulencias con los periodos de calma sobre el océano monótono. Embutidos en sus incómodos asientos, Costes y Bellonte contemplan con gran alivio la costa americana. Se comunican con la torre de control y el *Point d'interrogation* aterriza en Curtiss Field, cerca de Nueva York, a las 23:18. «Nos esperaban cientos de coches. Solo en ese momento fuimos conscientes de que nos esperaban…».

EN ESTADOS UNIDOS FUERON RECIBIDOS COMO HÉROES, Y ELLOS SE PASEARON POR LAS GRANDES CIUDADES. ¡TODO EL MUNDO QUERÍA VER A LOS PILOTOS FRANCESES!

En el campo de la aviación, bautizaron al *Point d'interrogation* como «el Rojo» por el color de su fuselaje. Por seguridad, se podía pilotar el avión desde los dos asientos.

Una acogida triunfal

Una multitud de 25 000 americanos, alertados por radio, recibieron a los aviadores con gran alegría, incluido Charles Lindbergh. ¡Y la fiesta no había hecho más que comenzar! Costes y Bellonte hicieron una gran gira por Estados Unidos y luego por Europa. Con esta hazaña establecieron las bases de la aviación moderna, y desde entonces no habría quien parase su evolución. En 1945 se inauguró una línea regular París-Nueva York, y en 1977 invitaron a Bellonte, ya con 81 años, al primer vuelo comercial del Concorde, ¡que unía los dos continentes en menos de 4 horas! •

En globo hacia la estratosfera

«¿Cómo se puede observar mejor el espacio?», se preguntó Audouin Dollfus. El físico fue el primero en realizar observaciones desde un globo estratosférico... ¡y también obtuvo el récord del vuelo estabilizado a mayor altitud!

Los 105 globos de caucho formaron una cadena de 450 m de alto: la estructura vertical más alta jamás creada por el ser humano.

COORDENADAS

¿Quién? Audouin Dollfus.
¿Cuándo? El 22 y el 23 de abril de 1959.
¿Dónde? Villacoublay, Francia.
¿Por qué? Para observar los astros, sobre todo los planetas del sistema solar.

Una pasión desde la infancia

El padre de Audouin, Charles Dollfus, fue el responsable del Museo de Aeronáutica y un piloto apasionado de la aeroestación. Desde su más tierna infancia Audouin se montó en globos y realizó vuelos maravillosos... El cielo se convirtió en su pasión, pero la llevó mucho más allá, ¡al espacio exterior! Se convirtió en un joven científico y durante los años 50, Audouin Dollfus se lanzó a la observación del sistema solar. ¿Existiría vida extraterrestre en Marte, por ejemplo? Uno de los indicios sería descubrir si existía vapor de agua alrededor del planeta rojo, pero ¿cómo contemplar algo tan sutil?

Objetivo: la estratosfera

La atmósfera terrestre, por su grosor, dificulta la observación. Para traspasar esta barrera, Dollfus propone instalar un telescopio sobre un globo. Sus compañeros le contestan que es imposible: ¡un telescopio debe mantenerse estable e inmóvil! Pero Dollfus persiste en su idea y el 1 de abril de 1957 realiza una fotografía astronómica perfecta a 6000 m de altura. ¡Una primicia mundial! Dollfus se siente preparado para la próxima aventura: montarse en un globo y traspasar la estratosfera para obtener una vista perfecta de la Tierra y del espacio. Para ello deberá subir más de 15 000 m... ¡Esta vez sí que le llamaron loco!

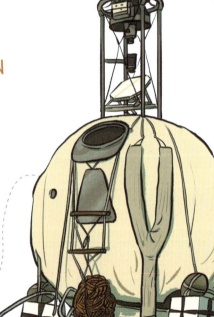

«El 22 de abril, los vientos agitaban el mar y había una corriente del norte un poco fuerte hacia los 10 000 m. Pero la travesía en globo podía enseñarnos muchas cosas, así que ordené la salida».

Audouin Dollfus

LA CANASTA DE ALUMINIO ES UNA ESFERA DE 1,80 M DE DIÁMETRO QUE LLEVA EN LO ALTO UN TELESCOPIO ASTRONÓMICO DE 500 MM DE DIÁMETRO.

Un racimo de globos

Dollfus acepta el desafío con la ayuda de su único equipo. En 1957 comienzan la construcción de una nave de aluminio coronada por un telescopio. Dollfus estudia los vuelos de Auguste Piccard que, desde 1934, tenía el récord del vuelo pilotado más alto, a 16 500 m, pero lo cierto es que la inestabilidad del globo imposibilitaría toda observación espacial. Además, para llevar su cesta, Dollfus concebía más bien un solo globo propulsado por gas, una especie de «racimo de uvas» constituido por 105 globos pequeños y reagrupados a lo largo por otros tres con un cable central. El 22 de abril de 1959 se reunieron las condiciones meteorológicas ideales, así que se pusieron en marcha. Hicieron falta 3 horas y 34 personas para inflar los globos y formar la estructura. A las 20:10, cortaron el cable...

DURANTE 2 HORAS, DOLLFUS LLEVÓ A CABO SUS ESTUDIOS A 14 000 M DE ALTURA: AVISTAMIENTOS DE LA TIERRA, MEDICIONES DE LA LUNA Y BÚSQUEDA DE INDICIOS DE VAPOR DE AGUA ALREDEDOR DE VENUS Y MARTE.

UNA INFORMACIÓN MUY VALIOSA

En 1959, el año en el que Dollfus completó su hazaña, el mundo giraba en torno a la carrera espacial. Los rusos y los americanos competían para ver quién sería el primero en enviar un satélite, un animal o un hombre al espacio, por lo que los estudios que llevó a cabo Dollfus en la atmósfera superior, los primeros en su género, le valieron reconocimiento mundial.

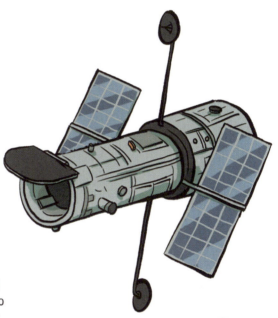

DURANTE LOS AÑOS 60 Y 70 SE ENVIARON VARIOS TELESCOPIOS AL ESPACIO.
EL MÁS CONOCIDO, EL HUBBLE, GIRA DESDE 1990 A 600 KM DE ALTURA.

En la estratosfera

El ascenso se inició rápidamente, después avanzó poco a poco. Al soltar lastre, Dollfus ascendió hasta los 14 000 m en 2 horas, y el aparato se estabilizó a aquella altura. Se puso a trabajar de inmediato. «Me quedé flotando en la estratosfera, en equilibrio perfecto, poco más de dos horas». ¡Todo un logro para el ser humano! Para descender, Dollfus explotó los globos con la ayuda de un pequeño interruptor controlado por radio. Cayó hacia el suelo a más de 45 km/h, bien atado a la canasta. «Al aterrizar cerca de Prémery, en la Nièvre, a la 1:16 de la madrugada, presioné un botón. Se escucharon dos explosiones, todo se quedó inmóvil unos instantes y el racimo volvió a la estratosfera». Dos días más tarde lo encontraron a varias decenas de kilómetros de allí... •

Franceses en el espacio

Salir al espacio exterior era un hecho raro y complicado a mediados de los 80, pero en eso consistía la nueva misión de Jean-Loup Chrétien, el primer francés que viajó al espacio...

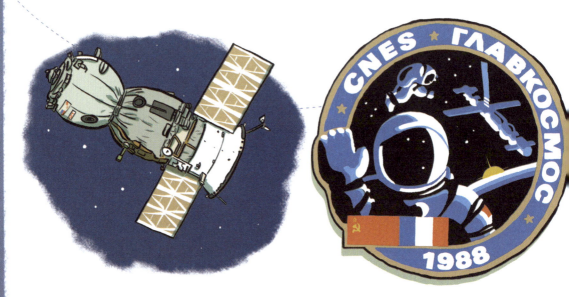

El logotipo de la misión Soyuz TM-7/Aragatz. Toma su nombre del monte Aragatz, en Armenia, donde se firmó el acuerdo entre los presidentes Mitterrand y Gorbachov para este segundo vuelo espacial europeo.

COORDENADAS

¿Quién? Jean-Loup Chrétien, Alexandre Volkov, Serguei Krikalev.

¿Cuándo? Del 26 de noviembre al 21 de diciembre de 1988.

¿Dónde? Cosmódromo de Baikonur (Kazajistán). Después, en la estación Mir, a 385 y 393 km de altura.

¿Por qué? Para llevar a cabo estudios científicos e instalar una antena en la estación Mir.

El primer francés en el espacio

En 1988, con 50 años, Jean-Loup Chrétien ya era un astronauta de renombre. Ingeniero diplomado en la Escuela del Aire, fue piloto experimental antes de ser seleccionado como astronauta en 1980 para la misión PVH (Primer Vuelo Habitado), que tuvo lugar del 25 de junio al 2 de julio de 1982. ¡Fue el primer francés y el primer europeo occidental en viajar al espacio! Cuatro años más tarde, lo volvieron a seleccionar para la misión franco-soviética Aragatz, destinada a estrechar los lazos de amistad y colaboración entre las dos naciones.

UN CLUB MUY EXCLUSIVO

9 astronautas franceses han estado ya en el espacio: Jean-Loup Chrétien, Patrick Baudry, Michel Tognini, Jean-Pierre y Claudie Haigneré, Jean-François Clervoy, Jean-Jacques Favier, Léopold Eyharts y Philippe Perrin. El décimo vuelo se ha producido en 2017: Thomas Pesquet, expiloto comercial de 36 años, ha sido el más joven de todos.

La misión Aragatz

Jean-Loup Chrétien se preparó durante dos años en la Ciudad de las Estrellas, cerca de Moscú, junto a Michel Tognini, su compañero. La misión Aragatz tenía previsto cumplir con un programa científico francés a bordo de la estación Mir y realizar una salida extravehicular. El 26 de noviembre de 1986, en presencia del presidente Mitterrand, la nave *Soyuz TM-7* despegó de Baikonur. Dos días más tarde, los tres hombres llegaron sin problemas a la estación, donde se unieron a los tres astronautas rusos ya presentes. La estación era demasiado pequeña para albergar a seis personas... sobre todo con la cantidad de material científico que había llegado anteriormente en un satélite francés y que ocupaba mucho espacio.

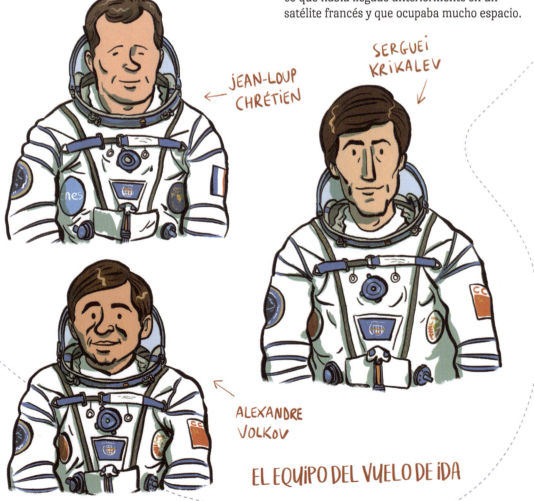

JEAN-LOUP CHRÉTIEN

SERGUEI KRIKALEV

ALEXANDRE VOLKOV

EL EQUIPO DEL VUELO DE IDA

Primera salida

A bordo de la Mir, Jean-Loup Chrétien realizó varias pruebas en su cuerpo para estudiar la adaptación del hombre a los vuelos de larga duración. También preparó con Volkov la salida al espacio que había prevista. El 9 de diciembre los dos astronautas iniciaron la tarea bajo la atenta mirada de Kirkalev, que les vigilaría desde la estación. Chrétien salió el primero: ¡se convirtió en el primer astronauta que no era ruso ni americano en efectuar una salida extravehicular! Llevaba una cámara para grabar el trabajo e instalar el material necesario de las pruebas Ercos y Eva, orientadas a exponer al vacío ciertos elementos y sustancias. Hasta aquí, todo fue bien...

«En la Ciudad de las Estrellas entrenábamos en una réplica de la estación Mir que habían instalado en el fondo de una piscina. Al ponerte la escafandra la sensación es parecida, pero no igual. Aquí sientes la fuerza del agua y te puedes servir de los pies y las manos para nadar, pero ¡en el vacío es imposible!».
Jean-Loup Chrétien

LA ANTENA ERA, QUE PESABA 240 KG, SE COMPONÍA DE 5000 PIEZAS UNIDAS POR 1500 SUJECIONES. ¡ERA UN DESAFÍO MONTARLA EN ÓRBITA!

Unos momentos críticos

Junto a Alexandre Volkov, que llegaba justo después, debía instalar una antena portátil ERA compuesta por cientos de tubos de carbono que formaban un hexágono gigante, pero no conseguía abrirla. El tiempo apremiaba y el oxígeno comenzaría a escasear en unos minutos. Desesperado, Volkov da unas patadas a la antena... ¡hasta que por fin se abre! Después, cuando regresaron a la esclusa, la ventilación de la escafandra de Chrétien se averió y su visor se cubrió de vaho, por lo que Volkov entró primero, seguido de Chrétien. El francés debía cerrar la escotilla, pero había un cuadro de protección que lo bloqueaba, y no puede ver nada, ni Volkov ayudarle al estar de espaldas en un espacio demasiado reducido como para darse la vuelta...

Un final feliz

Al tirar fuerte de la escotilla, el astronauta francés logra cerrarla, pero resulta imposible sellarla: ¡la manivela se ha bloqueado! A tientas, descubre que se debe a que un cordón se ha quedado enrollado, así que lo rompe con un golpe seco y logra por fin asegurar la esclusa, poniendo fin a una salida al espacio que para Jean-Loup Chrétien había sido de 5 horas y 57 minutos. El vuelo de regreso a bordo de la cápsula *Soyuz TM-6* en compañía de los astronautas Titov y Manarov no sufrió ninguna complicación, y el aparato aterrizó con suavidad en las estepas de Kazajistán el 21 de diciembre de 1988 a las 09:47, tras una misión que duró 28 días para Chrétien y 365 días para los dos astronautas rusos, ¡un nuevo récord mundial de permanencia en el espacio! •

Jean-Loup Chrétien regresó una vez más a la estación Mir en 1997, en una misión de la NASA. La estación se quedó anticuada y fue destruida en 2001, reemplazándola por la Estación Espacial Internacional (ISS).

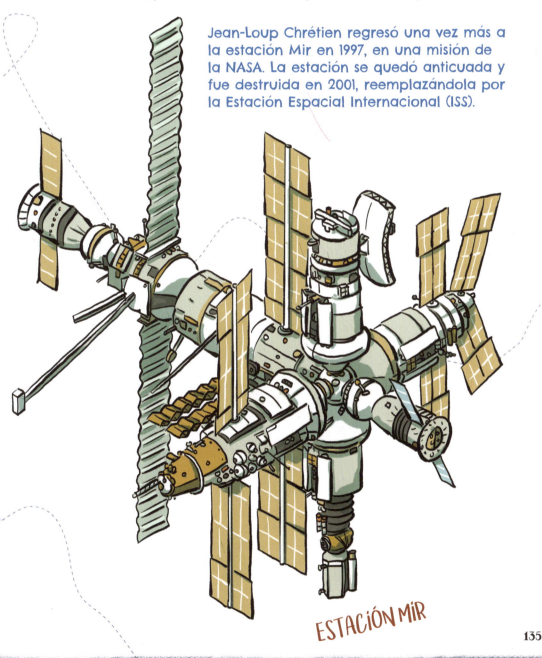

ESTACIÓN MIR

Volar bajo el sol

Volar día y noche, sin carburante ni ninguna emisión contaminante, en un avión con motor eléctrico alimentado solamente con energía solar. ¡Ese era el desafío del proyecto *Solar Impulse*!

COORDENADAS

¿Quién? Bertrand Piccard y André Borschberg.
¿Cuándo? Desde 2003.
¿Dónde? Un periplo alrededor del mundo.
¿Por qué? Para desarrollar nuevas tecnologías y promover las energías limpias.

Los «sabientureros»

Su abuelo, Auguste Piccard, fue el primer hombre que llegó hasta la estratosfera en globo en 1931. Su padre, Jacques Piccard, obtuvo el récord a la mayor inmersión del mundo, junto con Don Walsh, al sumergirse 10 916 m en la fosa de las Marianas. Bertrand Piccard era médico y explorador y en 1999 dio la primera vuelta al mundo en globo sin escalas, en 19 días y 21 horas. ¡En 2003, se asoció con el piloto André Borschberg y la Escuela Politécnica Federal de Lausana para dar una nueva vuelta al mundo a bordo de un avión impulsado por energía solar!

El *Solar Impulse 1* quedó fuera de servicio tras 400 horas de vuelo y lo compró el Museo de las Ciencias de París.

SOLAR IMPULSE 1

Primer prototipo

La concepción y construcción del primer aparato, *Solar Impulse 1*, requirió varios años. El vuelo inaugural tuvo lugar el 7 de abril de 2010 en el aeródromo militar de Payerne. En julio, un segundo vuelo de 26 horas incluyó una noche entera con un ascenso de 8500 m de altura. El 14 de junio, el avión se presentó en el Salón de Le Bourget. Convenció, pero... ¡se podía mejorar! Piccard y su equipo se volcaron en la creación de un segundo modelo mejorado mientras seguían haciendo pruebas de vuelo con el primero. *Solar Impulse 1* voló a Marruecos en 2012 para inaugurar una central solar, y en 2013 cruzó los Estados Unidos de oeste a este...

SOLAR IMPULSE II

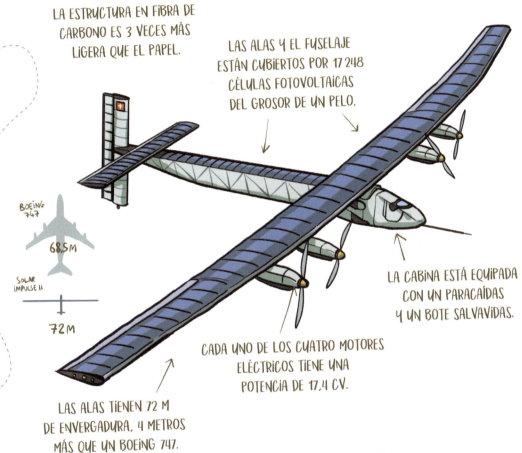

LA ESTRUCTURA EN FIBRA DE CARBONO ES 3 VECES MÁS LIGERA QUE EL PAPEL.

LAS ALAS Y EL FUSELAJE ESTÁN CUBIERTOS POR 17 248 CÉLULAS FOTOVOLTAICAS DEL GROSOR DE UN PELO.

BOEING 747 — 68,5 M
SOLAR IMPULSE II — 72 M

LA CABINA ESTÁ EQUIPADA CON UN PARACAÍDAS Y UN BOTE SALVAVIDAS.

CADA UNO DE LOS CUATRO MOTORES ELÉCTRICOS TIENE UNA POTENCIA DE 17,4 CV.

LAS ALAS TIENEN 72 M DE ENVERGADURA, 4 METROS MÁS QUE UN BOEING 747.

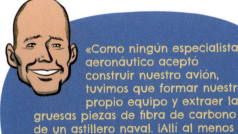

«Como ningún especialista aeronáutico aceptó construir nuestro avión, tuvimos que formar nuestro propio equipo y extraer las gruesas piezas de fibra de carbono de un astillero naval. ¡Allí al menos nadie sabía que iban destinadas a una tarea imposible!».

Bertrand Piccard

La gran salida

Solar Impulse 2 realizó su primer vuelo experimental el 2 de junio de 2014. Mucho más grande y potente que el anterior, se concibió para dar la vuelta al mundo sin realizar ninguna escala, pero como solo tiene capacidad para un piloto, Piccard y Borschberg se tenían que relevar. El 9 de marzo de 2015 despegaron en Abu Dabi. Los dos hombres tenían previsto realizar el trayecto en 5 meses, con 25 días de vuelo efectivo. Todo comenzó sin problemas, con un vuelo de una duración récord de 5 días y 5 noches entre Nagoya (Japón) y Hawái. Pero el 3 de julio se vieron obligados a suspender la misión hasta que solucionaran una avería grave en las baterías, así que el avión se quedó inmovilizado en Hawái durante 8 meses, a medio recorrido de su periplo de 35 000 km…

¡Se cierra el círculo!

El 24 de abril de 2014, el *Solar Impulse 2* terminó la travesía por el Pacífico y aterrizó en una base militar cerca de San Francisco, 3 días después de su despegue en Hawái. Posteriormente llegaron a Nueva York, desde donde emprendieron una travesía por el Atlántico hasta España, concretamente Sevilla, y tras una parada en El Cairo regresaron al punto de partida, Abu Dabi, el 26 de julio de 2016. Con esta hazaña, Bertrand Piccard y André Borschberg se suman a la lista de pilotos que han marcado un hito en la aviación. Aunque ellos piensan sobre todo en las generaciones futuras: ¡si la tecnología del *Solar Impulse* se utilizara a gran escala, daríamos un paso inmenso a favor de las energías renovables!

EL DESPEGUE, A 35 KM/H, SE HACÍA DE NOCHE PARA EVITAR LAS TURBULENCIAS.

DURANTE EL DÍA, EL AVIÓN ASCENDÍA A 8500 M Y ALCANZABA LOS 140 KM/H.

DE NOCHE, BAJABA DE NUEVO A 1500 M Y AMINORABA LA VELOCIDAD PARA AHORRAR BATERÍA.

FILOSOFÍA ZEN

La cabina del *Solar Impulse 2* no estaba presurizada ni caldeada, y medía apenas 3,8 m². El piloto dormía intervalos de 20 minutos de 10 a 12 veces por día, durante los cuales dejaba puesto el piloto automático. Piccard y Borschberg también ponían en práctica una técnica de yoga que les permitía relajarse y estar atentos a los instrumentos de a bordo al mismo tiempo.

BERTRAND PICCARD

ANDRÉ BORSCHBERG

Con el apoyo de un equipo de 80 ingenieros y técnicos, Bertrand Piccard y André Borschberg se relevaban para pilotar el aparato alrededor del mundo.

Y CONTINÚA...

Hubo un tiempo en el que los exploradores solo perseguían la fama. Se llevaban a cabo expediciones muy aparatosas con el objetivo de ser los primeros en explorar una tierra desconocida, alcanzar una cima o utilizar un nuevo material.

Desde finales del siglo xx han entrado más elementos en juego, como la conciencia de la fragilidad de ciertos pueblos y la degradación de los entornos naturales. También proliferan las exploraciones «en solitario» que luego se relatan a modo de reportajes.

Ahora, a principios del siglo xxi, el mundo de la exploración ha sufrido otro cambio. Las expediciones cada vez son más costosas y difíciles de financiar, por lo que se llevan a cabo misiones en equipo que giran en torno a un verdadero objetivo científico concreto. Algunos proponen «plataformas» por donde pasan los equipos de investigación.

¿Cuál es el objetivo de estas nuevas exploraciones? Comenzar a preparar los viajes del mañana o la adaptación de los seres humanos a las condiciones de la vida futura, como por ejemplo las cada vez más frecuentes olas de calor.

Hoy en día sabemos que explorando no descubriremos nuevas tierras, pero ¡sí encontraremos soluciones para mejorar nuestra calidad de vida!

Tara Pacific

Una nueva misión para la goleta: auscultar los arrecifes del triángulo de coral asiático y su evolución frente al cambio climático.

¡Los arrecifes de coral representan apenas un 0,02 % de los océanos, pero reúnen el 25 % de la biodiversidad marina! La mitad de ellos se encuentran en grave peligro o amenazados. Para conocerlos en profundidad, 70 científicos de hasta 8 países distintos pasan más de dos años en el *Tara* con el objetivo de analizar el blanqueo de los corales, tomar muestras y sensibilizar a la opinión pública.

Para la misión *Tara Pacific*, el velero con quilla de aluminio recorrerá 100 000 km desde Japón hasta Nueva Zelanda y China.

Adaptación 4 x 30 días

Christian Clot emprende la mayor expedición de investigación de la capacidad humana a la adaptación terrestre.

¿Cómo reacciona el cerebro a los cambios climáticos extremos? Ese es el amplio objeto de investigación de esta misión, llevada a cabo con el neurobiólogo Lionel Koechlin. Christian Clot realizará la primera etapa en solitario, con 4 travesías por 4 puntos extremos del planeta. Al año siguiente llevará a cabo la misma experiencia con 20 hombres y mujeres novatos para comparar los resultados de las pruebas, que se irán haciendo constantemente.

Con 10 días de descanso entre las dos travesías de 30 días, pasará de los 80 °C al sol a -40 °C, todo mientras camina entre 10 y 15 km al día.

El Ártico solar

La navegadora Anne Quéméré emprende la primera travesía del océano Glacial Ártico propulsada por energía solar.

Con Raphaël Domjan, Anne Quéméré ha podido demostrar la viabilidad de un kayak solar en la región polar. En solitario, con un nuevo prototipo, decide colarse por el pasaje del noroeste, entre el Atlántico y el Pacífico. Una ruta que solo se abre algunas semanas del verano, cuando se funden los glaciares. Navegar por la superficie del agua será una ocasión única para estudiar el plancton en el momento de su floración.

Recorrerá 3500 km durante varias semanas en autonomía total, en una embarcación que no alterará lo más mínimo el entorno.

Mundos perdidos

Evrard Wendenbaum pone la exploración al servicio de la ciencia para estudiar y preservar las últimas «tierras desconocidas».

La biodiversidad del planeta se reduce a pasos agigantados. ¡Hay que darse prisa si queremos preservarla al máximo! La idea de estas misiones es identificar lugares con altos niveles biológicos, aislados y difíciles de acceder. Wendenbaum y su equipo (escaladores, submarinistas, médicos...) se encargan ahora de desplegar sobre el terreno investigadores de distintas disciplinas para permitirles realizar observaciones y extraer muestras.

El equipo prevé 2 expediciones anuales de una duración de entre 4 y 8 semanas, que incluirán hasta 20 científicos.

Solar Stratos

Raphaël Domjan aceptó el desafío de construir un avión solar capaz de llevarle hasta la estratosfera sin una gota de carburante.

Tras haber dado la vuelta al mundo en un catamarán solar, el aventurero suizo creó con el ingeniero Calin Gologan un monoplano de 20 m de envergadura, que pesa 350 kg y está propulsado por una sola hélice, por lo que necesitará 4 horas para ascender a 25 km de altitud. El único problema es que Raphaël Domjan deberá llevar un traje espacial, porque no habrá suficiente energía para presurizar el aparato, en el que se alcanzarán los -70 °C.

A 25 000 m se ve la curvatura de la Tierra y las estrellas a pleno día. ¡*Solar Stratos* permite concebir un turismo espacial sin contaminación!

Under the Pole 3

La goleta *Why* vuelve a partir para tres años de exploración submarina en inmersión profunda alrededor del mundo.

Tras la experiencia adquirida en el Polo Norte, Ghislain Bardout y Emmanuelle Périé-Bardout emprenden una misión de largo recorrido. El itinerario se adaptará en función de los programas de los científicos que tendrán lugar a bordo y que tendrán a su entera disposición una biosfera capaz de sumergirse a 130 m bajo el agua, donde podrán pasar hasta 3 días. Así podrán observar acontecimientos poco usuales que de otra forma sería imposible presenciar.

Las inmersiones profundas permiten explorar las zonas submarinas del Ártico, el Pacífico, el Antártico y el Atlántico.

Las alas de la aventura

Marc Bonguardo y Thomas Launay se propusieron dar la vuelta al mundo en biplano siguiendo las huellas de un recorrido aéreo realizado... ¡en 1924!

En 4 meses, los pilotos volaron más de 200 horas en 70 escalas, sobrevolando 20 países y 2 océanos.

Los dos amigos, marinos de profesión, se lanzaron a la aventura a bordo de dos aviones Waco con cabina abierta, construidos según los planos originales que databan de 1930, pero con mejoras modernas y grandes reservas de combustible para cruzar los océanos. Se trata de mucho más que una mera hazaña mecánica, ya que querían entrar en contacto con las poblaciones locales y realizar fotos aéreas para comparar los cambios que han tenido lugar en casi 100 años.

Ocean One

Unos investigadores de la Universidad de Stanford crearon este robot explorador, ¡y su forma humanoide no es ninguna casualidad!

Con sus 2 m de largo y sus 180 kg, dotado de una cabeza, torso y 2 brazos, este robot tiene un aspecto algo perturbador, pero gracias a sus 2 cámaras se puede manejar a distancia con un operador a través de pantallas y mandos que reproducen fielmente los gestos. Un sistema de retorno de fuerza permite al piloto incluso estimar el peso de un objeto y «tocarlo» para manipulaciones más precisas.

Ocean One se concibió para sumergirse hasta 2000 m, por lo que otorgará mayor seguridad a misiones de exploración arriesgadas, pero también de reparación y de salvamento.